Emily Walton

Brüssel abseits der Pfade

EMILY WALTON

Brüssel

ABSEITS DER PFADE

Eine etwas andere Reise
durch die europäische Hauptstadt

braumüller

Bibliografische Information der Deutschen Nationalbibliothek
Die Deutsche Nationalbibliothek verzeichnet diese Publikation in der Deutschen Nationalbibliografie – detaillierte bibliografische Daten sind im Internet über http://dnb.d-nb.de abrufbar.

1. Auflage 2016

Servitengasse 5, A-1090 Wien
www.braumueller.at

Seite 143: What's Cooking in Belgium. Recipes and Stories from a Food-Loving Nation. N. Evans, A. Jenkinson. Luster Verlag 2013
Coverfoto & Fotos: Emily Walton
Karten Seite: 20, 42, 60, 84, 106, 126, 146, 164:
openstreetmap.org | © OpenStreetMap-Mitwirkende (CC BY-SA 2.0)
Satz: Alexandra Schepelmann | schepelmann.at

Druck: Christian Theiss GmbH, A-9431 St. Stefan im Lavanttal
ISBN 978-3-99100-179-9

Inhalt

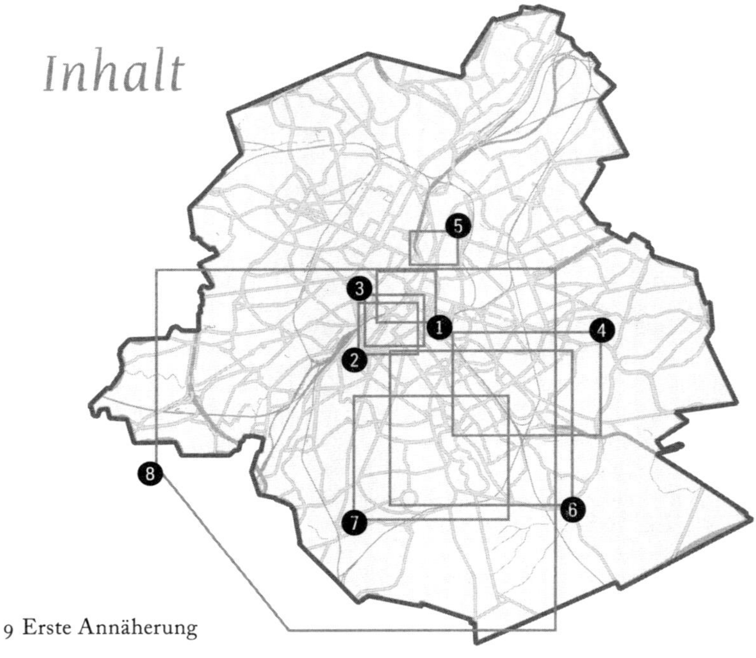

Erste Annäherung

Wer zum ersten Mal in Brüssel ist, wird die Stadt vermutlich mit einer von zwei Farben in Verbindung bringen: mit Gold oder Grau.

Die einen empfinden die belgische Hauptstadt als goldfarben und denken dabei an die prunkvoll verzierten Zunfthäuser auf dem Grand Place, der längst zum UNESCO-Weltkulturerbe zählt, und an das satt-goldene Bier, das in den Brasserien in rauen Mengen fließt. Den anderen bleibt eher ein grauer Eindruck – vielleicht, weil man nur für einen kurzen Business-Trip im Brüsseler EU-Viertel war, bloß die langen Gänge des Flughafens und die gläsernen Bürogebäude gesehen hat und Brüssel sich zudem noch von seiner schlechteren, nämlich der verregneten Seite zeigte.

Ich machte zunächst letztere Erfahrung. Eine Studienreise führte mich zum ersten Mal nach Brüssel: Zwei Tage volles Programm, wir klapperten die EU-Institutionen ab und sahen von Brüssel gerade einmal die Umgebung des Rond-Point Robert Schuman. Hier reiht sich ein Bürogebäude an das nächste: kastenförmige Bauten mit Security-Personal vor der Tür. Brüssel war für mich grau und wenig ansprechend. (Selbst in einer freien Stunde konnte ich die Schönheit der Stadt nicht erkennen: Ich drängte mich mit zahlreichen Touristen um den *Manneken Pis* und war enttäuscht, dass dieses Maskottchen nur 60 Zentimeter groß ist.)

Trotzdem entschied ich mich im Jahr 2012, meinen Mann hierhin zu begleiten, als sich für ihn eine berufliche Chance auftat. Wieder landete ich in einem grauen Brüssel – der Mai wollte sich damals nicht als Wonnemonat präsentieren. Doch schon bald lichteten sich die Wolken, ich tauschte Knirps gegen Sonnenbrille und schnell stellte ich fest: Brüssel ist – bei genauerem Hinsehen – eine der farbenfrohsten Städte Europas. Das liegt vor allem daran, dass diese Metropole, die in ihrer gesamten Region nur etwas mehr als eine Million Einwohner zählt, sich extrem weltoffen und multikulturell zeigt. Mit einem Migrantenanteil von fast dreißig Prozent ist Brüssel ein wahrer „Melting Pot". Belgier (Brüsseler, frankofone Wallonen und Niederländisch sprechende Flamen) leben hier mit den Nachkommen von ehemaligen Gastarbeitern aus Südeuropa und Nordafrika, mit Menschen, die aus früheren belgischen und französischen Kolonien stammen, und mit Tausenden Expats – jenen Personen, die hier für internationale Firmen und die Europäische Union arbeiten. Das sorgt natürlich für ein liebenswertes Chaos und extreme Vielfalt.

In Brüssel hat jede Straße ihren eigenen Flair, der stark von den Bewohnern geprägt wird: In der Chaussée de Haecht etwa in der *Commune* (Gemeinde) Schaerbeek spielt sich das Leben auf den Straßen ab, es riecht nach türkischem Kaffee und man findet hier die saftigsten Wassermelonen. Rund um die Weiher Étangs d'Ixelles im Stadtteil Ixelles hingegen flanieren die Expat-Mütter mit den gerade angesagtesten Kinderwagenmodellen und tauschen sich über den letzten Fauxpas ihrer Nanny aus.

Allzu grobe Einteilungen – hier: Luxusbezirk, dort: Armenviertel –, wie sie vielleicht in anderen Städten möglich sind, kann man in Brüssel nicht vornehmen. Denn das Besondere an Brüssel ist, dass kein Bezirk homogen ist. Biegt man einmal um die Ecke, kann man sich plötzlich in einer ganz anderen

Welt wiederfinden. War man gerade noch in einer liebreizenden Gasse gesäumt von schmucken Jugendstil-Gebäuden, steht man hundert Meter weiter plötzlich zwischen Wettbüros und Handyshops. Hielt man sich soeben noch mitten im betonlastigen EU-Viertel auf, befindet man sich wenige Minuten später im grünen Parc du Cinquantenaire.

Anfangs ist es schwer zu glauben, aber Brüssel hat eine sehr, sehr große grüne Lunge. Egal wo man sich gerade aufhält – ob mitten im Zentrum oder in einem der Randbezirke –, zum nächsten Park ist es nie weit. (Der beste Beweis dafür, wie grün Brüssel tatsächlich ist, liefert *Google Earth*. Wer die Fotos von oben von Brüssel betrachtet, wird über die vielen grünen Flecken staunen.)

Während sich die Einheimischen in anderen Großstädten an warmen Tagen Decke an Decke im Park zusammendrängen müssen, herrscht in Brüssel nie das Gefühl von Platznot. An sonnigen Tagen ist die größte und einzige Herausforderung, sich strategisch nicht zu weit weg vom nächsten Waffelwagen zu platzieren.

Mit den Überraschungen, die Brüssel an jeder Ecke bereithält, zählt die Stadt für mich zu den spannendsten in Europa. Gerade wenn man meint, die Stadt kennengelernt und erfasst zu haben, steht man wieder sprachlos vor einer neuen Entdeckung.

Zum Lust bekommen

Was gibt es zu sehen?

Den Grand Place fotografieren; die Gemälde im Musée Magritte bestaunen; das Atomium besuchen und dabei über die ganze Stadt blicken. Danach noch ein paar Bruegels in den Königlichen Museen der Schönen Künste betrachten; Pralinen kaufen und eine große Portion Pommes mit einem starken Bier hinunterspülen. Ja, diese Aktivitäten sollten fürwahr beim ersten Brüsselbesuch auf der Tagesordnung stehen.

Wer allerdings das Glück hat, öfter nach Brüssel zu kommen – oder sich gar für einen längeren Zeitraum hier aufhalten zu dürfen –, wird schnell merken, dass das wahre Brüssel andernorts zu finden ist: in den kleinen, verwinkelten Gassen abseits der touristischen Wege, in unterirdischen Gängen und auf versteckten Dachterrassen. In den Wohnvierteln, in den Hinterhöfen vergessener Palais und hinter verfallenen Jugendstil-Fassaden.

Wer den Blick vom *Manneken Pis* und den Goldfassaden des Grand Place löst und ihn schweifen lässt, wird erkennen, dass Brüssel eine Stadt der verborgenen Schätze ist. Im Stadtteil Schaerbeek etwa, in das sich die wenigsten Touristen verirren, gibt es Jugendstil-Gebäude, die zu den schönsten der Stadt zählen. Wer genug von den Schnörkeln und Blumen hat, wird wiederum die beeindruckende Art-déco-Architektur der Villa Empain oder des Museum Van Buuren genießen. Wie verlockend ist es da, sich danach mit einem Architekturführer (oder auch mit diesem Reiseführer) unter die Apfelbäume des Parc Tournay-Solvay in der Gemeinde Boitsfort zu legen.

Belgische Spezialität Gueuze *im Scheerbaeker Biermuseum*

Durch belgische Parks sollte man immer mit wachsamen Augen streifen, denn hier versteckt sich so manches Kunstwerk: Wem der mexikanische Olmekenkopf im Parc Tournay-Solvay zu exotisch ist, der wird vielleicht an dem „Schnitter", der Figur eines fleißigen Arbeiters von Bildhauer Constantin Meunier, im Parc du Cinquantenaire mehr Gefallen finden.

Brüssel, die Stadt, die so oft mit den sperrigen EU-Gebäuden in Verbindung gebracht wird, schafft es wie kaum eine andere, ihren Bewohnern im Alltag Natur, Architektur und Kunst zu bieten. Dabei sind die kleinsten Museen oft die feinsten: In den Ausstellungsräumen der Brauerei Cantillon lernt man etwa – in sehr familiärer Atmosphäre – die belgischen Spezialitäten *Gueuze* und *Lambic* kennen, während das kleine Musée Marc Sleen, das gleich gegenüber dem großen, bekannten Comic-Zentrum liegt, einen intimen Einblick in das Leben eines berühmten flämischen Comickünstlers bietet. Es zahlt sich aus, sich genau einzulesen – und dabei nicht ähnlich klingende Namen zu verwechseln: Denn das René-Magritte-Museum, das einstige Wohnhaus des Surrealisten im Stadtteil Jette, ist nicht gleichzusetzen mit dem großen, oftmals überlaufenen Musée Magritte in der Innenstadt. Und das Schaerbeeker Biermuseum hat viel mehr Charme als das Biermuseum auf dem Grand Place im Zentrum.

Aufgrund seiner Einwohnerstruktur (siehe oben) ist Brüssel eine Stadt, die ständig im Wandel ist. (An wenigen anderen Orten gibt es eine so hohe Baukran-Dichte wie im Brüsseler EU-Viertel.) An Wochenenden verwandeln sich einzelne Straßen in belebte Festmeilen: Ob mit einem Flohmarkt, Straßenfest oder Bauernmarkt – die Stadt erwacht zum Leben. Kaum sind die Temperaturen im Plusbereich und die Tische vor den Bistros trocken, spielt sich das Leben vor den Bars und Cafés und in den Parks ab. Dabei trotzen die Brüsseler jeder Regenwolke: Denn mit ihrer offenen, entspannten Art bringen sie gute Laune in jeden noch so grauen Tag.

Wie entdecke ich die Stadt?

Am besten in Turnschuhen. Nicht nur, dass ein Großteil der historischen Altstadt mit Kopfsteinpflaster belegt ist – man muss in Brüssel auch immer wieder mit dem einen oder anderen Schlagloch oder einer abgebrochenen Gehsteigkante rechnen. Der *Laissez-faire*-Stil, der den Alltag in Brüssel zu etwas Besonderem macht, weil er entspannt und locker ist, hat eben auch Kehrseiten. So steht man in Brüssel vor dem Dilemma: Nach unten auf den Boden schauen, um nicht zu stolpern; oder lieber nach oben blicken, um nicht die vielen architektonischen Schmuckstücke – z. B. die geschwungenen Eisen- und Glasverzierungen der Jugendstil-Bauten – zu versäumen. Mein Tipp: Wenn man sich ein wenig an die holprigen Gehsteige gewöhnt hat, dann schafft man es, nach oben zu blicken – auch ohne zu stolpern.

Die Brüsseler Innenstadt entdeckt man am besten zu Fuß. Seit 2015 ist das Zentrum rund um den Boulevard Anspach sogar eine auto- und busfreie Zone. Wer Zeit und ein wenig Energie hat, kann von der Innenstadt sogar bis in die Stadtteile

Ixelles und Etterbeek (wo auch die EU-Institutionen liegen) schlendern. So bekommt man ein gutes Gefühl für die Stadt. Wer einen Tag lang zu Fuß unterwegs ist, wird rasch merken, dass Brüssel keineswegs eine so flache Stadt ist, wie man zunächst vermuten würde. Fahrradfahrer brauchen demnach unbedingt ein Rad mit Gangschaltung – und einen guten Helm. Denn Brüssel ist keine Stadt für Fahrradfahrer. Radwege, die neben und nicht auf der normalen Fahrbahn angelegt sind, sind selten. Der Fahrstil der belgischen Autofahrer passt sich an den hiesigen Lebensstil an: Man möchte sich nicht zu sehr von Regeln einschränken lassen. Wer also mit zwei Rädern unterwegs ist, lebt in gewisser Weise risikoreich.

Natürlich gibt es Tage, an denen die Füße schmerzen – vielleicht weil man über ein Schlagloch gestolpert ist – oder an denen man eine Destination erreichen möchte, die weiter entfernt liegt. Brüssel hat ein kleines, feines Metro-Netz (mit vier Linien), das recht zuverlässig ist. Mehr Geduld braucht man in Belgien als Busfahrender: Auf den Fahrplan kann man sich nur bedingt verlassen. Es gehört quasi zum Brüsseler Straßenbild, dass plötzlich – nach langer Wartezeit – drei Busse derselben Linie hintereinander an der Bushaltestelle auftauchen. Auch sollte man sich darauf einstellen, dass man nicht immer am eigentlichen Ziel ankommt. *Deviation* ist wohl eines der häufigsten Wörter, die man auf den Straßenschildern liest. Wenn irgendwo eine Straße aufgegraben wird, dann ändert der Bus seine Route – im Bus wird die neue Strecke aber meist nicht erwähnt. (Lieber also zur Sicherheit den Busfahrer fragen, ob er heute auch tatsächlich Ihre Station anfährt!) Dieses Chaos mag zunächst abschreckend klingen. Hat man sich aber nach einem kurzen Aufenthalt in der Stadt daran gewöhnt, nimmt man es mit Humor und sieht es positiv: Man macht unverhofft neue Entdeckungen, und beim gemeinsamen Warten und Rätseln an der Bushaltestelle kommen die Leute schnell ins Gespräch.

Was gibt es zu essen?

Pommes frites, Waffeln und Schokolade – diese Lebensmittel werden in den meisten Reiseführern angepriesen. Und ja, sie sind in Brüssel an jeder Ecke zu finden. Selbst in den kleinen Vororten werden Sie ein *Fritkot* (eine Frittenbude) und die Filiale eines *Chocolatiers* finden. Aber selbstverständlich ist es auch möglich, sich in Brüssel ausgewogen zu ernähren. Man könnte sagen, dass sich die belgische Küche an das hiesige Klima anlehnt. Leichte Sommersalate sind seltener als wärmende Suppen und Eintöpfe. „Comfort Food" wie *Stoemp* (Kartoffelpüree meist mit einem Gemüse verfeinert, zum Beispiel mit Karotten, Brokkoli oder Lauch) hebt auch an grauen Tagen die Laune. Leichtere Speisen gibt es wiederum bei den vielen modernen Ketten – etwa *Exki* oder *Foodmaker* –, die vegetarische und vollwertige Gerichte anbieten. Die Brüsseler versuchen die Fast-Food-Ketten im Zaum zu halten. Lieber stellen sie sich bei der Pommesbude an.

Als Hauptstadt Europas sind in Brüssel alle Küchen vorhanden. Es gibt natürlich – wie in jeder Großstadt – zahlreiche italienische, griechische, englische, polnische und spanische Restaurants. Am besten beraten ist man, einen Expat aus dem jeweiligen Land zu fragen, wo sein Lieblingslokal ist. Dann wird man die authentischsten Restaurants entdecken. Selbstverständlich findet man in dieser Millionenstadt nicht nur die europäische Küche vor – im Gegenteil: Brüssel ist ein Schmelztiegel, der kulinarische Weltenbummler glücklich stimmen wird. Wer es exotisch mag, sollte unbedingt einen Spaziergang durch das Viertel Matongé (im Stadtteil Ixelles) unternehmen. Hier wohnen zahlreiche Afrikaner, viele von ihnen kamen nach der Unabhängigkeit der Demokratischen Republik Kongo in den 1960er-Jahren nach Brüssel. Der Name Matongé leitet sich dabei von einem gleichnamigen Stadtteil in der Hauptstadt Kinshasa ab. In den kleinen Geschäften entlang der Chaussée de Wavre kann man die exotischsten Obst- und Gemüsesorten entdecken. Die Lebensmittelgeschäfte wechseln sich ab mit Friseuren, Perückenmachern und Stoffgeschäften, die bunt gemusterte afrikanische Stoffe verkaufen. Als Lokaltipp empfiehlt sich das Restaurant L'Horloge du Sud, das genau zwischen Matongé und dem EU-Viertel liegt. Hier kann man authentisch essen und zugleich ein sehr bunt zusammengewürfeltes Publikum erleben.

Brüssel ist keine Stadt, um auf Diät zu gehen. Scherzhaft spricht man unter den Zugereisten sogar von den „Brüssel-Kilos": Man fragt nicht, wie viele Monate oder Jahre jemand schon in der Stadt lebt – sondern wie viele Kilos. Wer sich eine Zeit lang hier aufhält, kehrt meist mit etwas Wohlstandsspeck in die Heimat zurück. Lange kann man dem Croissant-Duft aus der nächsten Bäckerei nicht widerstehen, und selbst wer zunächst schimpft, dass die Belgier zwischendurch Waffeln statt Obst essen, wird sich bald vor dem nächsten Waffelwagen wiederfinden. Obwohl Belgien nicht als Sonnendestination gilt, spielt sich das (kulinarische) Leben oft im Freien ab. Die Food Truck-Welle hat Brüssel schon vor einigen Jahren überrollt. Es liegt in der Brüsseler Kultur, sich einen Happen auf dem nächsten Platz zu gönnen: Täglich kann man in den jeweiligen Stadtvierteln Freiluftmärkte besuchen – und dort auch vorzüglich essen.

Was gibt es zu trinken?

Richtig geraten: Bier. Zu fast jeder Tageszeit wird Bier serviert – sei es, um am späten Vormittag eine sonnige Stunde zu feiern oder um am Abend ein deftiges Essen hinunterzuspülen. Bier ist jedoch in Brüssel nicht gleich Bier: Natürlich gibt es das herkömmliche Pils von der Zapfanlage (z. B. *Jupiler*), es lohnt sich jedoch, sich durchzuprobieren, denn belgisches Bier gehört zu den sortenreichsten der Welt. Viele der Biere sind deutlich stärker, als man es in deutschsprachigen Ländern gewohnt ist. Das ist mitunter auf das sogenannte *Vandervelde*-Gesetz zurückzuführen, das 1919 den Verkauf von Hochprozentigem in Bars verbot. Dies führte dazu, dass die Nachfrage nach Bier mit höherem Alkoholgehalt stieg.

Der Großteil der Biere wird in Flaschen verkauft. Während andernorts die Flaschenbiere nur wenige Monate gelagert werden können, reifen belgische Biere geradezu in ihren Flaschen nach – und haben eine Lagerzeit von einigen Jahren. Biertrinken in Belgien weist Parallelen zum Weintrinken in anderen Ländern auf: Getrunken werden kleine Einheiten – die Flaschen sind meist 0,25l oder 0,3l – aus ansprechenden Gläsern. Jedes Bier hat ein individuelles Glas, meist kelchförmig und mit dem Logo und Namen der Biersorte bedruckt. Am besten ist es, in einem Bierlokal den Kellner als Starthilfe um eine Empfehlung zu bitten und sich dann einfach mal durchzukosten. Jeder wird seine eigenen Erkenntnisse ziehen: Es gibt leidenschaftliche Pils- und Lager-Trinker, die den belgischen Sorten wenig abgewinnen können. Und dann wiederum strikte Nicht-Biertrinker, die den eigentlichen Biergeschmack ablehnen, sich aber in samtige, fruchtige belgische Biere mit Gewürz- oder Lakritznoten verlieben. Für alle, die einen süßen Gaumen haben, ist *Kriek*, ein natürlich gegärtes Kirschbier, zu empfehlen.

In Belgien wird aber auch Wein getrunken – allerdings eher in den Restaurants als in den Brasserien ums Eck. Wasser erhält man auf den Tischen nur in Flaschen. Die Karaffe Wasser, wie man sie aus französischen Bistros kennt, existiert in Brüssel nicht. Es wird erwartet, dass man Wasser kauft und nicht gratis verlangt. Wer es trotzdem versuchen möchte, muss mit einer launischen Antwort des Kellners rechnen: „Leitungswasser? Wir sind hier in Belgien, nicht bei den Franzosen!“

Wie verständige ich mich?

Flämisch (der belgische Dialekt des Niederländischen), Französisch wie auch Deutsch sind Amtssprachen in Belgien. Allerdings sollte man nicht glauben, dass man in Brüssel einfach so auf Deutsch losplaudern kann. Deutsch wird lediglich in einem kleinen Gebiet in Ostbelgien gesprochen. Belgien ist in vier Sprachgebiete unterteilt: Flämisch, Französisch, Deutsch und das zweisprachige Brüssel. In der Hauptstadt ist fast alles auf Französisch und Flämisch angeführt: Das fällt schon bei einem Blick in die nächste Speisekarte oder auf das nächste Straßenschild auf. (Der Einfachheit halber werden in diesem Buch stets die französischen Namen angeführt.) Grundsätzlich hört man in Brüssel häufiger Französisch, denn der Großteil der Bevölkerung ist frankofon. Allerdings werden Besucher, die Französisch sprechen, schnell merken, dass die belgische Ausprägung vom Schulfranzösisch abweichen kann. So machen es sich die Belgier zum Beispiel mit den Zahlen leicht. Anstatt wie die Franzosen umständlich die Zahl 90 als *Quatre-Vingt-Dix* zu bezeichnen, sagen die Belgier *Nonante*. Das macht das Einkaufen deutlich einfacher.

Im Gegensatz zu anderen Städten kommt man in Brüssel auch gut durch, ohne die Landessprache zu beherrschen. Englisch ist völlig ausreichend. Da viele Eurokraten (all jene, die beruflich wegen des Sitzes der Europäischen Union herkommen) nur für Tage, Wochen, Monate oder wenige Jahre bleiben, ist das Englisch der Belgier recht passabel. Gerade im EU-Viertel wird man in den Brasserien an den Nebentischen vermehrt Englisch hören. Man könnte sogar sagen, dass die Expats ihre eigene Form von Englisch geboren haben: Durch den Austausch vieler Nationalitäten haben sich Ausdrücke eingeschlichen, die ein englischer Native Speaker nicht verstehen würde – die Expats aber wissen genau, wovon das Gegenüber spricht.

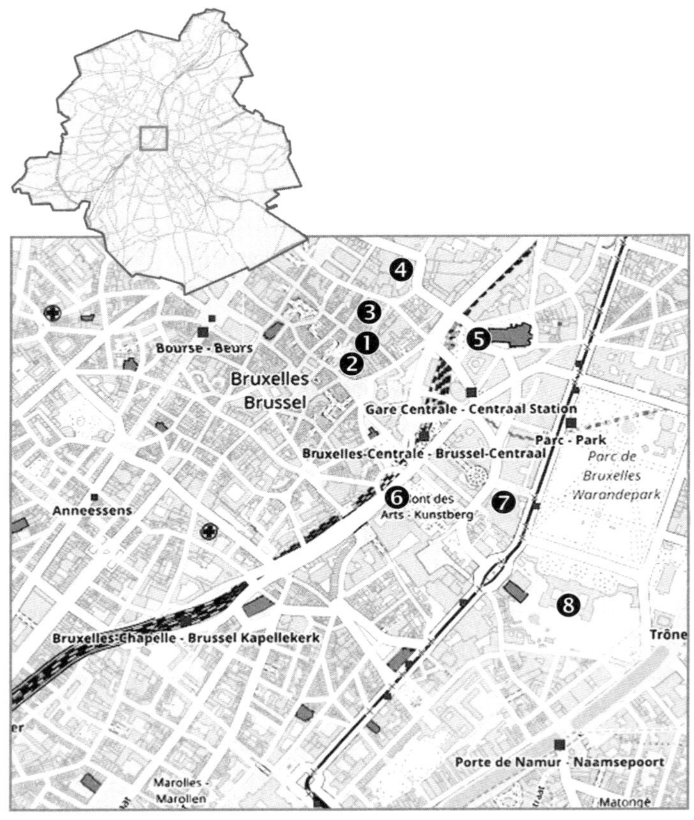

1 Neuhaus
2 Photo Gallery
3 Tropismes Libraires
4 Sterling Books
5 Wanderfalken
6 Café in der Bibliothèque Royale
7 Bozar
8 Palais Royal

Die Innenstadt

Versteckte Magritte-Kunst, Dachgärten und Insektenpanzer im Königspalast

Die historische Einkaufspassage der Stadt ist von oben am schönsten

Die Ladenpassage Galeries Royales Saint-Hubert im Stadtzentrum zählt zu den schönsten weltweit. Kein Wunder also, dass sie auf dem Programm eines jeden Brüsselbesuchers steht. Hinzu kommt, dass dieses neoklassizistische Gebäude, das 1847 von König Leopold I. eingeweiht wurde, nur wenige Schritte von dem Grand Place entfernt ist. Für dieses Kunstwerk beauftragte der König den niederländischen Architekten Jean-Pierre Cluysenaar. Ziel war es, mit einer neuen, überdachten Geschäftsstraße auch die gehobene Gesellschaft in die Innenstadt zu locken. Während so manche Touristenattraktion in der Brüsseler Innenstadt in mir einen Fluchtreflex auslöst – zum Beispiel das dichte Gedränge rund um das „Stadtmaskottchen" *Manneken Pis* und die vielen Souvenirläden, die *Manneken-Pis*-Andenken in Form von Schokolade, Korkenziehern oder Zimmerbrunnen verkaufen –, zählen die Galeries Royales Saint-Hubert trotz ihrer Beliebtheit zu meinen Lieblingsplätzen in der Stadt. Geradezu einzigartig ist es, wie das Licht, das durch die gläserne Decke dringt, selbst an den grauesten Tagen die Passage erhellt. Und sobald man die Galerien betritt, hat man das Gefühl eine kleine Zeitreise zu machen: Große, warm

Galeries Royales von oben

beleuchtete und traditionell angeordnete Schaufenster laden zum Staunen ein.

Man kann sich richtig vorstellen, wie Jean Neuhaus 1857 hier sein erstes Geschäft eröffnete. Allerdings verkaufte der Schweizer Apotheker, der heute als Gründer des weltweit bekannten Schokoladenunternehmens Neuhaus gilt, keine Pralinen im herkömmlichen Sinn, sondern mit Schokolade überzogene Medizin. Als Süßigkeit verpackt, sollte sie leichter zu schlucken sein. Erst sein Enkel stieg im Jahr 1912 in die Pralinenproduktion ein. Statt mit Pillen ist die Schokolade nun mit einer Mischung aus Sahne und Schokolade gefüllt.

Mittlerweile ist Neuhaus nicht die einzige Schokoladenboutique in den Galerien. Nahezu alle namhaften *Chocolatiers* – von Leonidas über Mary bis hin zu Pierre Marcolini – sind hier vertreten. Platz ist genug, schließlich gliedert sich die Einkaufspassage streng genommen in drei Galerien: in die Galerie de la Reine, die Galerie des Princes und die Galerie du Roi.

Beim ersten oder zweiten Besuch fällt einem das obere Stockwerk kaum auf, zu sehr fokussiert man die Lederhandschuhe im einen und die Karamelléclairs im anderen Fenster. Erst wenn der Besuch zur Routine wird, fallen einem dezente

Schilder auf, auf denen ein Appartement mitten in der Einkaufspassage zum Mieten angeboten wird. Wer sich außerdem schon einmal intensiv mit der Zimmersuche in Brüssel beschäftigt hat, wird irgendwann darüber stolpern, dass man in den oberen Stockwerken sogar Bed & Breakfast-Zimmer buchen kann. (Insgesamt gibt es vierundsiebzig Appartements in den Galeries Royales Saint-Hubert.)

Kaum hatte ich das obere Stockwerk bemerkt, kam der dringliche Wunsch auf, die Galerien einmal von oben (und innen) zu sehen. Da ich kein Zimmer und auch keine Wohnung in Brüssel brauche, habe ich mich an Arnaud Everaerts gewandt. Er ist einer der beiden Mitbegründer der Photo Gallery, die in den Galerien untergebracht ist. Zudem ist er ein wahrer Kenner dieser Einkaufspassagen: Seit vielen Generationen (und seit der Eröffnung der Galerien) ist das Spitzengeschäft Manufacture Belge de Dentelles im Erdgeschoß im Besitz seiner Familie. Er ist bereit, mir die Photo Gallery, die im oberen Stockwerk eingerichtet ist, zu zeigen.

Wir sind in seinem Spitzengeschäft verabredet. Ich schiebe die Tür zu dem kleinen Laden auf – kein leichtes Unterfangen,

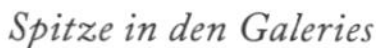
Spitze in den Galeries

Appartement zu vermieten

denn drei Asiatinnen versperren den Weg. Sie bestaunen kleine gerahmte Motive aus Spitze – den Grand Place, den *Manneken Pis*, Kätzchen und Blumen –, die gleich hinter dem Eingang aufgestellt sind. Während Arnaud Everaerts eine Kundin berät, schaue ich mich zuerst in der kleinen Boutique um. Abgesehen vom Kitsch für die Touristen könnte dieses Geschäft tatsächlich noch aus einem anderen Jahrhundert stammen. Sobald Arnaud Zeit hat, gibt er mir einen Crashkurs zum Thema Spitze. Er erzählt von der jahrhundertealten Tradition der handgemachten Klöppelkunst, die um 1700 und im 18. Jahrhundert ihre Blütezeit erlebte und ein wichtiger Handelssektor der Region war. Brüssel wie auch die benachbarte Stadt Mechelen galten einst als wahre Hochburgen für Spitze. Durch die Industrialisierung nahm aber die Bedeutung stark ab, mechanisch gefertigter Tüll wurde zum größten Konkurrenzprodukt. Hinzu kamen modische Veränderungen: Die Ansprüche an die Kleidung haben sich im Laufe der Jahrhunderte geändert. Kragen und Manschetten aus Spitze gelten längst nicht mehr als Statussymbol. Heute sind die weißen Decken, Pölster und duftenden Lavendelsäckchen vorrangig bei Touristen beliebt.

Für ein paar Minuten kann Arnaud ein kleines „Komme gleich"-Schild ins Fenster hängen und die Tür abschließen, um mich hinauf in die Photo Gallery zu führen. Im Treppenhaus begegnen wir einer jungen Frau, Arnaud begrüßt sie freundlich. Wer hier in den Galerien wohnt (oder Räumlichkeiten besitzt), kennt sich eben. „Man könnte sagen, wir sind ein kleines Dorf", sagt Arnaud. Die Dorfbewohner haben aber auch gemeinsame Feinde: die Reisegruppenleiter, die schon früh am Samstagmorgen in ihre Mikrofone plärren; oder die Fahrradfahrer, die sich weigern, in der Einkaufspassage vom Rad zu steigen.

Arnaud stößt die Tür zu einem schlauchartigen Raum auf. Heute lehnen nur ein paar aufgeblasene Fotografien an den Wänden. Derzeit ist keine Ausstellung zu sehen. „Dreimal im Jahr veranstalten wir Ausstellungen, meist mit jungen Fotografen", erklärt Arnaud. Dann haben Besucher – all jene, die genau hinsehen und die offen stehende Tür im Erdgeschoß bemerken – die Chance, moderne Kunst zu bestaunen und zugleich hinter die Kulissen der Galeries Royales Saint-Hubert zu blicken.

Arnaud hat es nicht eilig wieder hinunter zu seinen Kunden zu kommen. Er öffnet ein paar Fenster und lässt mich das bunte Treiben betrachten. Eine Schulklasse sammelt sich unten. Die Jugendlichen brüllen und stören die friedliche Atmosphäre. Von hier oben könnte man ihnen gut auf den Kopf spucken.

Unten angekommen schlendere ich noch ein wenig durch die Ladenpassage. Am späten Vormittag hat das Théâtre des Galeries leider noch geschlossen. Wer allerdings abends eine Vorstellung besucht, kann ein riesiges Deckenfresko des belgischen Surrealisten René Magritte bestaunen: einen kreisrunden blauen Himmel mit den typischen Magritte-Wolken. Ursprünglich hatte der Künstler andere Visionen gehabt: Er wollte einen Himmel voller fliegender Glocken malen. Dieser Vorschlag wurde allerdings vom Auftraggeber abgelehnt.

Buchhandlung Tropismes

Das kleine Arthouse-Kino in den Galerien hat zwar nicht so eine imposante Decke vorzuweisen, spielt aber immer wieder künstlerisch wertvolle Filme in Originalsprache. (Übrigens: In Brüssel werden viele der großen Hollywoodfilme in Originalsprache gezeigt und mit Untertiteln versehen. Diese sind immer zweisprachig: Französischer sowie flämischer Text wird am unteren Rand der Leinwand eingeblendet.)

Wer die geschriebene Kunst vorzieht, sollte unbedingt die Buchhandlung Tropismes aufsuchen. Für mich ist sie eine der schönsten in Brüssel. Auch wenn die Bücher alle auf Französisch sind, lohnt es sich, ein wenig in diesen herrlichen Räumen zu schmökern. Eine englischsprachige Buchhandlung ist aber auch nicht weit: Das Geschäft Sterling Books befindet sich nur eine Parallelstraße hinter den Galerien.

Von kleinen Falken, die Brüssels Kathedrale bewohnen

Ich verlasse die Galerien durch den hinteren Ausgang. Von hier ist es nicht mehr weit zur Cathédrale Saints-Michel-et-Gudule, einem weiteren Wahrzeichen der Stadt. Die Kathedrale ist dem Brüsseler Stadtpatron, dem Erzengel Michael, und der heiligen St. Gudula, der Nationalheiligen Belgiens, geweiht. Während der Hauptreisezeit halten Reisebusse auf dem stark befahrenen Boulevard de l'Impératrice und lassen die Schaulustigen in Scharen herausströmen. Staunend stehen sie um den Sakralbau und hören dessen Geschichte: Dass es schon zur Zeit der Karolinger hier eine Kirche gegeben haben soll, die dem Erzengel geweiht war. Und dass der heutige Bau auf das 13. Jahrhundert zurückgeht. Er wurde auf Anregung Heinrichs I., Herzog von Brabant, begonnen. Die Fertigstellung erstreckte sich allerdings über mehrere Jahrhunderte, sodass sowohl romanische als auch gotische Elemente im Innenraum zu bewundern sind.

Apostelfiguren

Cathédrale Saints-Michel-et-Gudule

Besonders sehenswert sind die erhaltenen Glasfenster, die noch aus dem 16. Jahrhundert stammen. Auch die Apostelfiguren, die von den Säulen herunterblicken und das Gewölbe stützen, sind reizvoll: Sie wurden von berühmten Brabanter Bildhauern, darunter Lucas Faydherbe und Jérôme Duquesnoy, im 17. Jahrhundert angefertigt.

Heute gilt die Kathedrale als Nationalkirche des Landes, wichtige königliche Feierlichkeiten werden hier zelebriert. Wenn es um große Kirchen geht, sagt mir persönlich die Basilique Nationale du Sacré-Cœur mehr zu, da diese nicht ganz so zentral gelegen und damit nicht so umschwärmt ist. Sie befindet sich im Stadtteil Koekelberg (gleich an der U-Bahn-Station Simonis gelegen) und ist aufgrund ihrer Dimensionen nicht zu übersehen. Sie ist die fünftgrößte Kirche der Welt. Faszinierend ist neben dem Ausblick von der mächtigen Kuppel der Art-déco-Baustil. Verglichen mit anderen Kirchen ist diese nämlich extrem jung. Der Grundstein wurde 1905 gelegt, doch erst 1969 wurde die Kirche fertiggestellt. Ein Abstecher dorthin lohnt sich auf jeden Fall – oder zumindest sollte man die Basilique von oben suchen, etwa wenn man vom Triumphbogen im Parc du Cinquantenaire (siehe Seite 92) oder vom Atomium auf die Stadt hinunterblickt.

Zurück zur Kathedrale im Stadtzentrum. Auf dem Vorplatz ist es heute verhältnismäßig ruhig. Das Mädchen vom mobilen Espresso-Stand sieht gelangweilt aus. Ich kaufe mir einen Kaffee, muss mich jedoch nicht beeilen, ihn auszutrinken – denn mein Weg führt mich heute nicht in die Kirche. Ich bin wegen etwas anderem hier: um genau zu sein wegen kleiner, flauschiger Knäuel mit Flügeln und Schnäbeln. Wanderfalken (*Falco peregrinus*). Diese Greifvögel zählen zu den schnellsten der Welt. Sie können sich mit über 300 km/h auf ihre Beute stürzen. In den Großstädten Europas und Nordamerikas galten sie beinahe als ausgestorben, seit Mitte der 1990er-Jahre aber nisten sie wieder in Belgien. Das erste Vogelpaar ließ sich auf einem Pfeiler des Kernkraftwerks Tihange (südöstlich von Brüssel) nieder. Andere wählten Klippen, Telefonmasten und hohe Gebäude – so auch die Cathédrale Saints-Michel-et-Gudule mitten in der Brüsseler Innenstadt. Seit 2004 bauen die Falken im Frühling hier ihre Nester und brüten ihre Jungen aus – hoch über den Köpfen der Kirchenbesucher. Die faszinierenden Aktivitäten der Vögel können dennoch beobachtet werden. Jedes Jahr errichtet der Verein *Falcons for Everyone* neben der Kirche einen Beobachtungsposten. Die an der Kirche angebrachten Kameras übertragen das Treiben der Vögel unten auf Bildschirme. Manchmal sind auch Ornithologen vor Ort, die einen durch ihr Teleskop blicken lassen. Wer übrigens nicht zwischen Mitte März und Ende Mai in Brüssel ist, kann die Vögel auch von seinem Zuhause aus online bestaunen.

Von Glockenschlägern und Weltköchen

Über den Boulevard de l'Impératrice gelange ich zur Gare de Bruxelles-Central, dem innerstädtischen Bahnhof. Dieser Boulevard ist an gewöhnlichen Tagen nichts Besonderes. Immer wieder wird dieser Streckenabschnitt aber zu einer Festzone, denn die Brüsseler sind wahre Meister der Straßenfeste: vom

Brussels Food Truck Festival

großen Stadtfest (= *Fête de l'Iris*/Schwertlilienfest; die Schwertlilie ist ein Symbol der Stadt) über Comic- und Bierfeste bis hin zu Gay-Paraden. In den wärmeren Monaten fühlt es sich fast so an, als würde man an jedem Wochenende auf einen Straßenumzug treffen.

Eines meiner liebsten Feste ist das *Brussels Food Truck Festival*. Vom Boulevard de l'Impératrice über den unteren Teil des Mont des Arts und den Boulevard de l'Empereur werden in über 100 mobilen Küchen Köstlichkeiten aus aller Welt aufgekocht. Die Veranstaltung – europaweit die größte dieser Art – findet meist Anfang Mai statt und geht über mehrere Tage.

Heute ist es auf dieser Strecke verhältnismäßig ruhig. Nur ein Waffelwagen wartet am unteren Ende des Jardin du Mont des Arts. Dieser geometrisch angelegte Garten – besser als Kunstberg bekannt – bildet die Verbindung zwischen der Brüsseler Ober- und Unterstadt. Der Name Kunstberg geht dabei auf König Leopold II. im frühen 20. Jahrhundert zurück, der von einem wahren „Berg der Künste" träumte, als er am oberen Ende die Königlichen Kunstmuseen errichten ließ.

Ich halte mich links, verlasse sogar den grünen Teil des Gartens, denn mein nächstes Ziel liegt etwas versteckt auf

Mont-des-Arts-Uhr

der südlichen Seite des Platzes. An der Rückseite des Palais de la Dynastie hängt die (einst bewegliche) Mont-des-Arts-Uhr. Die zwölf Figuren – jede in ihrem eigenen kleinen Gewölbe – stellen berühmte Persönlichkeiten der belgischen Geschichte dar. Unter der Ziffer sechs steht etwa der belgische Maler Peter Paul Rubens mit seiner Farbpalette in der Hand. Neben ihm, auf fünf Uhr, steht der Habsburger Karl V., der im 16. Jahrhundert hier regierte. Auf elf Uhr befindet sich ein Soldat aus dem Ersten Weltkrieg.

Früher sind die Figuren aus ihrem Gewölbe herausgekommen, heute sind sie alle befestigt. Rechts über der Uhr thront der *Jacquemart*, der bronzene Glockenschläger. Dieser trägt einen Zylinderhut und soll einen Brüsseler Großbürger darstellen. Die Figur stammt vom belgischen Bildhauer Henri van Albada. Die Glocke neben dem *Jacquemart* wiegt allein schon 1750 Kilo. Bis vor Kurzem haben die Männerfigur wie auch die Glocke gefehlt, nach aufwendiger Restaurierung sind sie nun endlich wieder zu bestaunen. Die Melodien, die man zur vollen Stunde hören kann, werden von 24 Glocken erzeugt.

Ich warte, bis die volle Stunde geschlagen hat, bevor ich mich einem modernen Bauwerk in diesem Gartenareal widme:

der unübersehbare gläserne Kubus. Unter den Brüsselern ist er als SQUARE bekannt. Es handelt sich dabei um das Brussels Meeting Center, ein riesiges Kongresszentrum. Aber nicht alles an diesem Bauwerk, dessen Eröffnung 2009 gefeiert wurde, ist neu. Die unterirdischen Räumlichkeiten sind Teil des Palais des Congrès, der – wie auch das Brüsseler Atomium – für die Weltausstellung 1958 errichtet wurde.

Der 16 Meter hohe, dreistöckige Glaskubus bildet damit also eher eine Art Haupteingang zum weiteren Kongresszentrum. Ich steige die Treppen hinunter und versuche mein Glück beim Türsteher. Jedoch findet gerade ein Ärztekongress statt und leider kann ich mich nicht als Medizinerin ausweisen. Heute bleiben mir die beiden Wandmalereien im Inneren versperrt: Sowohl René Magritte (mit dem Fresko *Les barricades mystérieuses*) als auch sein weniger bekannter Kollege Paul Delvaux (mit *Le paradis terrestre*) haben sich hier verewigt. Beide wurden zum Bau des Palais des Congrès mit den Werken beauftragt, allerdings wurden diese erst etwas verspätet fertiggestellt. Magritte, der wenig Enthusiasmus für dieses Projekt zeigte, ließ sich sogar bis 1961 Zeit.

SQUARE

Brüssels Dachterrasse für Belesene

Anstatt mich länger im unterirdischen Kongresspalast aufzuhalten, möchte ich lieber hoch hinaus: Ein wahrer Geheimtipp liegt nämlich direkt auf dem Gebäude gegenüber. Für viele ist die Bibliothèque Albert I., auch bekannt als die Königliche Bibliothek, lediglich eine Lagerstätte für alte, wertvolle Bücher. Für andere – besonders für Studenten – ist sie ein Ort, an dem man in Ruhe lesen und lernen kann. Manch einer war vielleicht auch schon im Literaturmuseum hier: Die Archives et Musée de la Littérature stellen französischsprachige Manuskripte und Briefe belgischer Persönlichkeiten aus.

Nur unter Kennern ist das Wissen um die herrliche Dachterrasse ganz oben in der Bibliothek verbreitet. Um dort hinaufzugelangen, geht man durch den Haupteingang, vorbei an Spinden, die nach berühmten Persönlichkeiten benannt sind, und durch einen langen Gang bis zum Lift. Das Café

Königliche Bibliothek

Die Terrasse der Bibliothek

ist zwar im Lift angeschrieben, allerdings deutet hier noch nichts darauf hin, welch tollen Ausblick man von oben haben wird. Vom Café selbst, das eigentlich viel mehr als Betriebskantine/Pausenbuffet zu bezeichnen ist, darf man sich nicht allzu viel erwarten: ein Selbstbedienungstresen mit billigem Kaffee und Süßigkeiten. Alles in allem sieht es so aus, als sei die Zeit stehen geblieben: Die braunen Plastikmöbel haben Retrocharakter und dürften hier schon Jahrzehnte stehen. Aber man kommt nicht wegen des Komforts hierher, sondern wegen des Ausblicks. Eine riesige Glaswand erstreckt sich an der Westfront und bietet einen traumhaften Blick bis zum Atomium – und sogar darüber hinaus.

An der gegenüberliegenden Seite dieses kantinenähnlichen Saals führen Glastüren nach draußen. Eine Handvoll Tische lädt hier zum Verweilen ein. Zwar hat man hier, direkt vor der Tür, nicht sofort Fernsicht, aber einen schönen Platz in der Sonne. In den Frühlings- und Sommermonaten gibt es auch einen Blick ins Grüne: Seit 2012 haben die Gärtner von *Potage-Toit* (übersetzt: Dach-Gemüsegarten) hier einen Schrebergarten angelegt: Wo können Obst, Gemüse und Kräuter besser gedeihen als über den Dächern von Brüssels Innenstadt?

Das Museum für Musikinstrumente ist im Old England Gebäude untergebracht.

Der Schwerpunkt der Gärtner liegt auf ausgefallenen, seltenen Sorten. Die Produkte werden an bestimmten Wochentagen sogar verkauft. In einem domförmigen Gewächshaus haben die Veranstalter ihr kleines Büro untergebracht. Übrigens: Wer sich einen der vielen bunten Stühle schnappt und an den Rand der Terrasse setzt, kann auch hier draußen einen tollen Blick genießen.

Verglichen mit anderen Großstädten ist Brüssel keine Stadt der Dachterrassen. Umso überraschender ist es, dass sich nur wenige Meter Luftlinie entfernt gleich der nächste Sonnen- und Aussichtsplatz befindet: auf dem Museum für Musikinstrumente (MIM). Dieses liegt oberhalb des Mont des Arts in einem Gebäude, das nicht zu übersehen ist. Schon von der Ferne springt einem das mehrstöckige Jugendstil-Juwel mit seinen gewölbten Fenstern und Eisenverstrebungen ins Auge. Achtet man nur auf den Schriftzug unter dem Dach – „Old England" –, könnte man zunächst etwas verwirrt sein. Diese Aufschrift geht noch auf die Ursprünge des Gebäudes zurück, als darin das angesehene Kaufhaus „Old England" untergebracht war. Der Architekt dieses Jugendstilkunstwerks, das 1898/1899 erbaut wurde, war Paul Saintenoy.

Heute ist hier das Musikinstrumentenmuseum untergebracht: Über 7000 Instrumente aus fast allen Ländern der

Welt machen es zur größten Sammlung in diesem Bereich. (Wobei nur ein Bruchteil, ca. 1500 Instrumente, tatsächlich ausgestellt werden kann.) Für einen Regentag ist dieses Museum genau das richtige Programm. Bei Schönwetter fährt man besser gleich mit dem Lift auf das Dach. Dabei sollte man sich nicht vom Ticketschalter im Erdgeschoß ablenken lassen: Der Besuch des Cafés ist auch ohne Eintrittskarte möglich, wenngleich die Betreiber durchaus für den Ausblick von ihrer Terrasse Geld verlangen könnten. Leider kann man von hier nicht den Sonnenuntergang betrachten, da das Café mit dem Museum schließt.

Bevor ich nach meiner Kaffeepause hinauf zum Königlichen Palast (Palais Royal) schlendere, gehe ich noch ein wenig die Rue Ravenstein hinunter – vorbei am Backsteinbau Hôtel Ravenstein und weiter zum Palais des Beaux-Arts (BOZAR). Ohne Theater- bzw. Museumskarte kann man sich nur in der Halle aus den 1920er-Jahren aufhalten. Aber auch das ist schon beeindruckend: Das Gebäude stammt vom renommierten Brüsseler Architekten Victor Horta. Er war einer der berühmtesten Architekten der Stadt und prägte die Architektur des späten 19. und frühen 20. Jahrhunderts maßgeblich. Zur Zeit des Baus hatte er sich bereits vom Jugendstil zum

Eingang zum Palais des Beaux-Arts

Henry-le-Boeuf-Konzertsaal

Art-déco-Stil weiterentwickelt. Das zeltförmige Glasdach über der Halle ist ein Hingucker. Herzstück aber ist der große, eiförmige Konzertsaal „Henry Le Boeuf", der Platz für 2300 Leute bietet. Diesen kann man bei Führungen, die gelegentlich angeboten werden, besichtigen. Dann kommt man auch zum abseits gelegenen „Königlichen Eingang" mit seinen wunderschönen roten und orangenen Glasfenstern.

Mein Spaziergang führt mich nun über die Treppen, die vom Palais des Beaux-Arts zum Parc de Bruxelles hinaufführen. Auf dem Weg bleibe ich stehen, um das Programm der Cinemathek zu betrachten: Dieses Filmarchiv zeigt neue (Arthouse-)Filme, aber auch alte Klassiker. Oben angekommen drehe ich eine kleine Runde durch den weitläufigen Park. Sporadisch hat der kleine Kiosk geöffnet und im Sommer gibt es im Musikpavillon gratis Sonntagskonzerte. Zu fast jeder Tageszeit laufen Jogger ihre Runden. Es ist der perfekte Ort, um zwischen zwei Museumsbesuchen zu entspannen.

Ich verlasse den Park über den südlichen Ausgang, jener, der mich direkt zum Palais Royal führt. Auch heute machen Touristen ihre Selfies, andere blättern in ihren Reiseführern – unsicher, ob es sich bei diesem Gebäude tatsächlich um den Königlichen Palast handelt. Es gibt zahlreiche beeindruckende (Museums-)Paläste in der Umgebung, man kann leicht verwirrt sein. Anders als etwa beim Buckingham Palace in London ist es für gewöhnlich nicht möglich, diesen Palast – der als Büro des Königs dient – zu besichtigen. Im Sommer aber, während König Philippe und seine Familie auf Urlaub sind, werden die Tore geöffnet. Neben den Prunkräumen und einer jährlichen Sonderausstellung kommt man dann auch in den ausgefallenen Spiegelsaal, wo das Kunstwerk des belgischen Malers und Dramatikers Jan Fabre hängt. Mit rund 1,4 Millionen Skarabäenpanzern aus Thailand hat er die Decke ausgekleidet, die den Raum in ein grünblaues Licht tauchen.

Von hier aus ist es nicht weit zu den Königlichen Museen der Schönen Künste und zum Magritte Museum. Ich aber habe für heute genug Attraktionen gesehen und gehe noch ein paar Schritte weiter nach Osten, um mich im Wohnviertel Ixelles bei einem Kaffee zu entspannen.

Orte zum Einkehren

Neuhaus
Galerie de la Reine 29
Tel.: +32 2 512 63 59
Mo–Sa: 9–22 Uhr
So: 10–22 Uhr
www.neuhaus-online-store.com

Café in der Bibliothèque royale
Boulevard de l'Empereur 4
Tel.: +32 2 519 53 11
Mo–Fr: 9–16 Uhr
www.kbr.be/fr/restaurant

MIM Restaurant (und Museum)
Rue Montagne de la Cour 2
Tel.: +32 2 502 95 08
Di-Fr: 9.30–17 Uhr,
Sa, So und Feiertage: 10–17 Uhr
www.mim.be

Café in der Bibliothèque royale

Orte zum Vertiefen

Photo Gallery
Galerie de la Reine 10
Tel.: +32 485 805 84 3
Öffnungszeiten je nach Ausstellung
www.pgav.be

Tropismes Libraires
Galerie des Princes 11 /
Tel.: +32 2 512 88 52
Mo: 11–18.30 Uhr, Di–Do: 10–18.30 Uhr, Fr: 10–19.30 Uhr, Sa: 10.30–19 Uhr, So: 13.30–18.30 Uhr
www.tropismes.com

Sterling Books
Rue du Fossé aux Loups 23
Tel.: +32 2 223 62 23
Mo–Sa: 10–18.30 Uhr
www.sterlingbooks.be

Wanderfalken
Beobachtungsdeck auf der Place Sainte-Gudule
Tel.: +32 2 627 42 15
Meist zwischen Mitte März und Mitte Mai:
Di–So: 12–18 Uhr
www.falconsforeveryone.be

Palais Royal
Place des Palais
Rue Brederode 16
Tel.: +32 2 551 20 20
Geöffnet von Mitte Juli bis Mitte September:
Di–So: 10.30–16.30 Uhr
www.monarchie.be

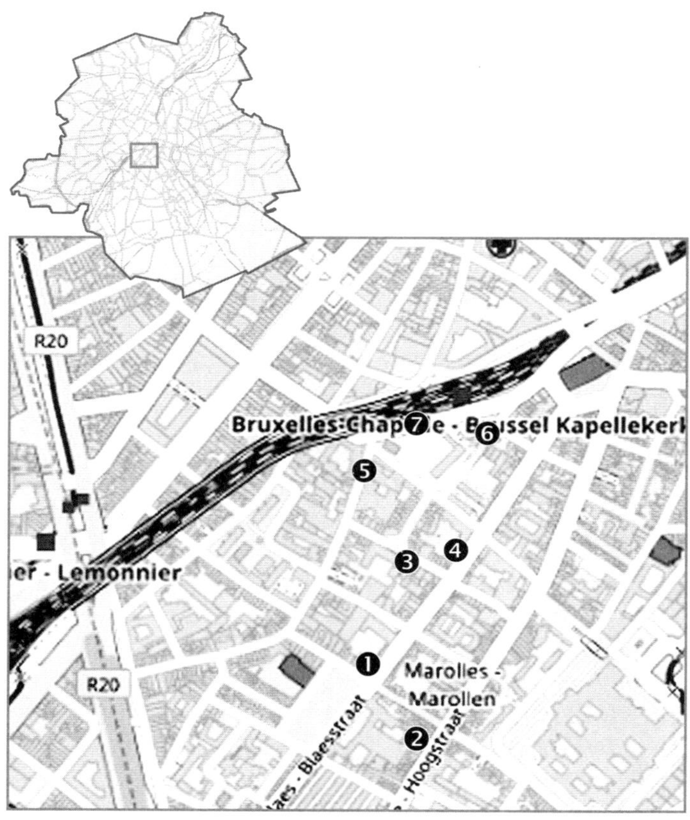

1 *Brasserie La Clef d'Or*
2 *Centre culturel Bruegel*
3 *Mont de Piété*
4 *Horta Kindergarten*
5 *Marché Bio des Tanneurs*
6 *Kloster Brigittines*
7 *Recyclart*

Les Marolles

Trödel, Hipster und Bio-Häppchen

Pieter Bruegel der Ältere und die Ordensschwestern

Wie jede Stadt hat auch Brüssel ein Viertel, das sich im Umbruch befindet – das einst von den Ärmeren bewohnt wurde und nun von Künstlern, Kreativen und Gastronomen in einen hippen Bezirk verwandelt wird. In Brüssel erwachen Les Marolles, wie das Viertel unterhalb des wuchtigen Justizpalasts genannt wird, zum Leben. Der riesige Flohmarkt, der auf der Place du Jeu de Balle abgehalten wird, hat es bereits in nahezu jeden Reiseführer geschafft. Samstags und sonntags herrscht an dieser Stelle dichtes Gedränge – von Nähkästchen und Stehlampen über Kommoden und Comichefte bis hin zu afrikanischen Schnitzereien ist alles zu finden. Anders als in anderen Städten gibt es hier kaum Tische, auf denen ausgestellt wird. Die Flohmarkthändler breiten ihre Waren auf Decken aus oder stellen sie gleich in Kisten hin. Weniger bekannt ist, dass der Flohmarkt auch unter der Woche jeden Vormittag stattfindet bei deutlich geringerem Andrang.

Die letzten Händler packen gerade ein, als ich mich mit Christine Rigaux treffe. Sie arbeitet im Centre culturel Bruegel, einem Zentrum, das sich für kulturelle Vielfalt in diesem Bezirk einsetzt und Begegnungen unter den Bewohnern fördern will. Seit 2016 hat es einen neuen Standort in der Rue des Renards.

Flohmarkt auf der Place Jeu de Balle

Mit dem berühmten Maler Pieter Bruegel dem Älteren hat die Einrichtung wenig zu tun. „Aber nahezu alles in diesem Viertel trägt Bruegel im Namen", scherzt Christine. In gewisser Weise ist der Name Bruegel die „Corporate Identity" dieses Viertels – Bruegel hat im 16. Jahrhundert in dieser Umgebung gewohnt und auch in der Kirche Notre-Dame de la Chapelle seine Frau Mayken Coecke geheiratet, die Tochter seines früheren Lehrmeisters Pieter Coecke van Aelst. Hier befindet sich auch Bruegels letzter Ruheort. In der Rue Haute 132, nur wenige Gehminuten von dem Place du Jeu de Balle entfernt, steht sein angebliches Wohnhaus, an dem eine Plakette angebracht ist. „Die Meinungen gehen auseinander, ob Bruegel tatsächlich in *diesem* Haus gewohnt hat", sagt Christine. Mich umsehen und mir selbst eine Meinung bilden, kann ich leider nicht. Das Gebäude ist nicht öffentlich zugänglich, wenngleich es immer wieder Gespräche gibt, dass hier ein Museum entstehen soll. (Eine Auswahl von Pieter Bruegels beeindruckenden Bildern ist in den Königlichen Museen der Schönen Künste auf dem Kunstberg sowie in der Maison du Roi auf dem Grand Place zu sehen.)

Christine lebt selbst in den Marollen. Während wir uns in ein Café mit Blick auf den Place du Jeu de Balle setzen, erzählt

Bruegelhaus

sie mir, wie der Platz seinen Namen bekommen hat. Im 19. Jahrhundert spielte man in den Marollen das Spiel *Balle pelote*. Ein Ballspiel mit einem großen Handschuh. „Quasi belgischer Baseball", sagt Christine. Die Bezeichnung des Platzes wurde von dieser Sportart abgeleitet.

Der flämische Name Vossenplein (Fuchsplatz) hingegen erinnert an die Lokomotivfabrik La Société du Renard (übersetzt „Die Gesellschaft des Fuchses"). Der große Komplex, der an der östlichen Seite des Platzes liegt, ist allerdings keine ehemalige Fabrik, sondern eine frühere Feuerwehrkaserne, die – wie so vieles andere in der Stadt – von Architekt Joseph Poelaert geschaffen wurde. Gegenüber liegt die schlichte Église de l'Immaculée Conception. Je nach Tag und Uhrzeit werden in der kleinen Kirche Messen in unterschiedlichen Sprachen gefeiert.

Christine berichtet weiter von der Geschichte der Marollen, davon, dass dieses Viertel über Jahrzehnte den sozial Schwachen gehörte. Die Wohnungspreise waren niedrig, dafür auch die Lebensqualität. Bis 1870 gab es hier kein fließendes Wasser.

Noch heute existieren viele soziale Institutionen und Sozialbauten im Bezirk. Die Cité Hellemans, am südlichen Ende des Platzes in der Rue Blaes, sticht heute wegen ihrer verzierten Backsteinfassade heraus. Sie ist ein erhaltenes Beispiel für eine der frühesten sozialen Wohnanlagen in Brüssel. Die insgesamt sieben Blöcke, die durch Höfe, Gassen und Torbögen gegliedert sind, wurden vom Architekten Émile Hellemans entworfen. Rund 270 Wohnungen sind hier um 1915 entstanden, sie waren mit Toiletten und Waschräumen ausgestattet.

Früher kümmerten sich religiöse Einrichtungen um die Armen – daher auch die vielen Straßennamen, die an Orden erinnern (etwa Rue des Capucins und Rue des Minimes). Auch die Bezeichnung des Viertels leitet sich von einer Nonnengemeinschaft ab, jener der Maria Colentes.

„Noch heute sind wir ein Viertel der Erstankömmlinge", sagt Christine. Die Marollen liegen nicht unweit des Bahnhofs Gare du Midi, wo viele Einwanderer ankommen. Auch Studenten, die versuchen, in der Hauptstadt Fuß zu fassen, kommen in den Marollen in Wohngemeinschaften unter. Von Jahr zu Jahr aber schwinden die günstigen Wohnmöglichkeiten. Seit der Jahrtausendwende sind zahlreiche Häuser renoviert worden. Antiquitätengeschäfte, Hipster-Boutiquen sowie Wein- und Tapasbars reihen sich entlang der Rue Haute und Rue Blaes, den beiden Lebensadern des Bezirks, und treiben die Wohnungspreise extrem in die Höhe. Christine nennt diesen Prozess „Sablonisierung". Der Place du Grand Sablon, der ganz am nördlichen Ende des Bezirks liegt, ist ein schicker Platz – umringt von Lokalen, in denen es vorrangig um das „Sehen und Gesehen-werden" geht. Dazwischen sind die teuersten Antiquitätengeschäfte zu finden.

Es ist unvorstellbar, dass die Rue Haute im Mittelalter einst die wichtigste Einfallstraße der Stadt war. Das Stadttor Porte de Hal an der Grenze zwischen den Marollen und dem Viertel Saint-Gilles erinnert noch an die damalige Stadtbefestigung. Auch der Ausdruck *Clochards*, der französische Name für Obdachlose, geht auf diese Zeit zurück. Sobald abends die Glocken (Frz.: *les cloches*) läuteten, mussten sich die Heimatlosen außerhalb der Mauern begeben.

Abends werden die Marollen aufgrund der neuen Restaurants zunehmend belebter, wichtiger aber ist der Morgen. Das Café, in dem Christine und ich sitzen, La Clef d'Or, öffnet schon in den frühen Morgenstunden, um die ersten Flohmarkthändler mit Kaffee und Croissants zu versorgen.

Für Christine ist es Zeit zu gehen. Bevor sie sich verabschiedet, gibt sie mir noch einen Tipp: „Das Schwimmbad nebenan ist toll", sagt sie und zeigt hinauf zur Wand, an der groß das Wort „Bains" steht. Vom Becken, das in einem höheren Stockwerk liegt, hat man einen tollen Blick über die Stadt. Ich merke mir die Empfehlung für einen späteren Besuch.

Stattdessen mache ich einen kleinen Spaziergang durch das Viertel. Immer wieder entdeckt man in den Marollen etwas Neues – etwa ein neues Geschäft oder eine neue Wand, die mit einem großen Comic geziert wurde. Ich brauche ein Geburtstagsgeschenk für eine Freundin, die ihre Wohnung gerne mit Schnickschnack einrichtet. Würde sie die Passage 125 kennen, ein dreistöckiges Antiquitäten- und Krimskrams-Geschäft, in dem es kaum einen freien Zentimeter gibt, würde sie wohl

Comicwand

am liebsten hier einziehen. An verregneten Sonntagen könnte auch ich mich hier stundenlang aufhalten und riesige *Obelix*-Figuren, Schaukelpferde, leere Sektflaschen und Silberlöffel bestaunen. Ich kaufe meiner Freundin ein paar alte Postkarten, bevor ich weiterziehe.

400 Jahre alte Pfandhäuser nehmen keine Fernseher

Eine Schar Frauen mittleren Alters sammelt sich vor dem Haupteingang des Pfandhauses Mont de Piété, in einer Seitenstraße gelegen. An ihren schicken, geputzten Schuhen, den fast ausnahmslos perfekt sitzenden Frisuren und den Markenlogos, die von Jacken und Handtaschen prangen, ist zu erkennen, dass sie wohl kaum hier sind, um ihr letztes Hab und Gut gegen Geld einzulösen. Diese illustren Damen nennen sich *Club Jeudi*, Donnerstagsklub, und haben eine Führung hinter die Kulissen gebucht. Da ich eine Einzelbesucherin bin, hat man mich dieser Gruppe zugeteilt.

Für einen kurzen Augenblick scheint es, als seien die Damen mehr an mir interessiert als am Geschehen in diesem Pfandhaus, das in Brüssel eine lange Geschichte hat: Seit 1618 gibt es in Brüssel den Mont de Piété (Flämisch: Berg van Barmhartigheid), eine einzigartige Einrichtung, denn das Pfandhaus hat – anders als vergleichbare Institutionen – sozialen Charakter. Der Ursprung der Mont de Piété-Pfandhäuser geht auf das 15. Jahrhundert zurück, als der italienische Mönch Barnabé de Terni den Armen helfen wollte. Wer hier seine Sachen einlöst, muss nur wenige Prozent Zinsen zahlen, auch die administrativen Gebühren sind deutlich geringer als bei vergleichbaren Anstalten. Der Gewinn ist für diese Häuser nicht vordergründig, man ist lediglich bemüht, die laufenden Kosten und die Gehälter der rund 30 Mitarbeiter abdecken zu können. Ursprünglich war das Pfandhaus zentraler gelegen, in der Rue du Lombard, seit 1860 steht es in der Rue Saint-Ghislain.

Während unser Tourguide Olivier d'Haeze uns die Funktionsweise des Pfandhauses erklärt, beobachte ich einen Kunden, der hereinkommt: Ein unauffälliger Mann – kariertes Hemd, kahler Oberkopf – steuert den offenen Schalter Nummer 1 an. Von meinem Standort aus ist es unmöglich, zu erkennen, was er verpfänden wird. Mit hoher Wahrscheinlichkeit wird es Schmuck sein. Rund 95 Prozent der Artikel, die im Mont de Piété gepfändet werden, sind Schmuck. Aber auch Silberware, Gemälde, Kristall und Bronze können hierher gebracht werden, höre ich Olivier sagen. „An den Schaltern sitzen unsere Experten, die den Wert schätzen." Nach ihrer Schätzung kann der Mann entscheiden, ob er seinen Besitz wieder mitnimmt oder ihn in eine rote Büchse verpacken lassen möchte, damit sie auf eine Reise über ein komplexes Förderbandsystem in das riesige Lager des Pfandhauses gelangt. Für seinen Artikel wird er etwa 70 Prozent des geschätzten Werts bekommen. Die Schätzung selbst ist kostenlos. Ich sehe, wie manche der Damen um mich herum nicken. Als würden sie schon bald mit ein paar Broschen und Halsketten vorbeikommen.

Ich hatte mir erwartet hier abgemagerte, hustende und fahle Gestalten zu finden, die ihr letztes Familienerbstück eintauschen. Immerhin sollte dieses Pfandhaus ursprünglich den sozial Schwächsten helfen. Der Mann am Schalter *Guichet* 1 sieht nicht so aus, als ob er am Hungertuch nagt. „Unsere Aufgabe hat sich in den vergangenen Jahrzehnten stark gewandelt", sagt Olivier. „Zwar kommen nach wie vor Leute zu uns, die tatsächlich Geld benötigen. Anderen geht es jedoch bloß darum, Ordnung in ihrem Leben zu schaffen." Sie wollen ausmisten. Wieder andere suchen im Mont de Piété einen riesigen – und gut abgesicherten – Safe. „Wir beobachten

Pfandhaus Mont de Piété

durchaus, dass Wertsachen vor der Urlaubssaison abgegeben und nachher wieder ausgelöst werden."

Der Mann am Schalter geht mit einem Papierschein zu Schalter 5. Er hat sich wohl dazu entschieden, seinen Wertgegenstand hier zu lassen. Sechs Monate läuft die Pfändung für gewöhnlich, wenn er dann nicht den gemeinsamen Vertrag verlängert und nicht auf die Mahnungsschreiben reagiert, wird das Haus sein Pfandstück verkaufen. Einmal die Woche findet eine öffentliche Auktion statt und an bestimmten Terminen gibt es gesonderte Schmuck- oder Gemäldeauktionen. Die Damen werden hellhörig.

Olivier führt uns aus der Schalterhalle durch ein großes Tor in den Garten des Pfandhauses. Neben einem winzigen Teich steht ein Gartentisch für die Mitarbeiter, dahinter noch ein letzter Rest des historischen Verkaufsraums: Ein Backsteingebäude mit einem Saal direkt unter dem Giebeldach; im Erdgeschoß ist eine Art Stallung. Dieser Bereich ist der einstige „Parkplatz", früher wurden viele Pfandobjekte mit Kutschen transportiert. Im Nebengebäude, in dem sich die Direktion befindet, führt Olivier uns vorbei an Vitrinen, die die einstige Bedeutung des Pfandhauses ersichtlich machen: Schwarz-Weiß-Aufnahmen zeigen die riesigen Lager, die in

Pfandhaus

den Obergeschoßen liegen und – natürlich – nicht für die Öffentlichkeit zugänglich sind. Einzig Ehrengäste dürfen durch die Regale gefüllt mit Kerzenständern, Bronzefiguren und Gemälden streifen. Fotos vom Besuch der belgischen Königsfamilie hängen an der Wand. Wir – die Damen vom Donnerstagsklub und ich – müssen uns mit einem Film begnügen.

Im hinteren Gang verweile ich einen Augenblick, während die tratschenden Frauen noch Fragen dazu stellen, was man denn nun tatsächlich alles verpfänden kann. „Meinen alten Fernseher?", fragt eine Dame. Olivier erklärt, dass technische Geräte nicht angenommen werden, weil diese in Zeiten des technologischen Wandels viel zu schnell an Wert verlieren. Währenddessen beuge ich mich über die Vitrine und bestaune Fotos der früheren belgischen Mont de Piété-Einrichtungen, die alle längst geschlossen worden sind. Verviers, Tournai, Liège. 25 Häuser dieser Art hat es einst in Belgien gegeben.

Die Einrichtung in Brüssel ist als zentrale Institution erhalten geblieben – trotz *eBay* und anderer Onlineplattformen. 580 Kundenkontakte gibt es täglich, fast 10 neue Kunden kommen an einem gewöhnlichen Tag hinzu. Zum Abschluss führt Olivier uns vorbei an den Wachmännern in den Auktionssaal, der leider weniger Charme hat als erwartet. In einem kahlen Raum hängen große TV-Monitore an den Wänden. Während die Damen sich draußen über funkelnde Uhren beugen, die am Samstag in einem Sonderverkauf versteigert werden, und der Wachmann unbekümmert eine Reiswaffel isst, verlasse ich das Gebäude, um einen weiteren Schatz in diesem Viertel zu bestaunen.

Schräg gegenüber vom Mont de Piété liegt ein Kindergarten, an dem man, wenn man nur auf das Kopfsteinpflaster achtet, schnell vorbeigeht. Dabei lohnt es sich, hierfür einen kurzen Augenblick zu verweilen: Diese Kinderbetreuungseinrichtung wurde von Victor Horta entworfen. Dieses Gebäude zählt – ähnlich wie die Maison Autrique (siehe Seite 117) – zu den Frühwerken des Meisters. Der Kindergarten war der erste öffentliche Auftrag, den die Stadt an Horta vergab. Hier in der Nähe gestaltete Horta übrigens auch die Maison du Peuple, die Parteizentrale der belgischen Arbeiterpartei. Das Gebäude, das zu großen Teilen aus Eisen und Glas bestand, wurde allerdings in den 1960er-Jahren – trotz großer Proteste – abgerissen.

Das Tor des Kindergartens ist abgeschlossen, das Haus nicht für die Öffentlichkeit zugänglich. Drückt man aber das Gesicht ans

Horta-Kindergarten

Fenster, kann man drinnen ein lichtdurchflutetes Klassenzimmer erkennen, blickt man über Pinsel und Malfarben hinweg, sieht man die aufwendige Glasfront und den dahinterliegenden Pausenhof. Horta hatte bei der Gestaltung nicht völlig freie Hand, das Gebäude lehnt sich an eine von einer Bildungskommission vorgegebene Musterschule aus dem Jahr 1852 an.

Biobutter und Straßengraffiti

Mein Magen knurrt. Es ist ein zu großer Umweg, zurück zur Rue Haute zu gehen, in der sich ein paar meiner Lieblingsrestaurants befinden – bei Au Plaisir d'Orient gibt es etwa chinesische Köstlichkeiten, bei *Poissonnier* Dangel tolle Fischgerichte. Ich möchte nur eine Kleinigkeit zum Mitnehmen. Ein Abstecher im Bio-Supermarkt Marché Bio des Tanneurs, ein paar Straßenecken weiter, gleicht einem Besuch auf einem Bauernmarkt: Frische Brotlaibe türmen sich übereinander, saftige Äpfel und Birnen in Holzsteigen stapeln sich neben

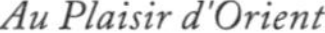

Au Plaisir d'Orient

knorrigem Knollengemüse und krummen Karotten. Dazu gibt es Schaf- und Ziegenjoghurt, Käse, Fleisch und Bauernbutter. In großen Bottichen warten Samen, Nüsse und Getreide darauf, abgewogen und gekauft zu werden. Ich fülle zwei braune Papiertüten mit Gebäck, nehme noch eine Flasche Gemüsesaft mit und esse im kleinen Innenhof. Anders als an Wochenenden steht heute kein Crêpe- oder Glühweinstand hier. Der Hof ist leer und ich habe Zeit, mich umzusehen. Das Areal, in dem sich der Bio-Markt befindet, hat eine über hundertjährige Geschichte.

Dieses Gebäude ist der Ancien Palais du Vin, der alte Weinpalast, also das ehemalige Lager der Weinhändler. Im Jahr 1909 errichtet – und später noch erweitert – sind die Jugendstilelemente (gewölbte Fenster und gusseiserne Verzierungen) unverkennbar. Die Firma Brias & Co. beauftragte dazu den Architekten Fernand Symons. Seit Beginn des Jahrhunderts steht das Haus unter Denkmalschutz. Es wurde aufwendig restauriert und die vielen bunten Sgraffiti (= Fassadenschmuck) an der Außenwand, die die Wappen der jeweiligen Weinregionen darstellen, wurden wiederhergestellt.

Der Großteil des Gebäudes dient heute als Centre d'Entreprises – auf rund 8000 Quadratmetern gibt es Büros, die von Kreativen, Beratern und anderen Selbstständigen genützt werden. Immer wieder finden an Wochenenden auch kleine Handwerksmärkte statt, wo selbst gemachter Schmuck und Fair-Trade-Kleidung verkauft werden.

Gestärkt beschließe ich, die Gegend unter den Gleisen zu erkunden. Sie führen vom Bahnhof Gare du Nord zur Gare du Midi. Der Bahnhof Bruxelles-Chapelle hat an Bedeutung verloren, Züge fahren hier zwar vorbei, aber die Bahnhofsräumlichkeiten von früher gibt es nicht mehr. Die umliegenden, teils verlassenen Straßen sind zu einem Viertel für Künstler geworden. In den Straßendurchgängen, die unter den Schienen durchführen, toben sich Graffiti-Künstler und Street Artists

Ehemaliges Kloster Brigittines

aus. Ich schlendere die Rue des Brigittines hinauf und stehe vor einem Gebäude, das sofort ins Auge sticht, weil Alt und Neu miteinander kombiniert wurden. Es handelt sich um den einstigen Standort des Klosters des Brigittines-Ordens, der ab dem frühen 17. Jahrhundert in Brüssel seine Arbeit aufnahm. 1663 wurde an dieser Stelle ein Kloster samt Kapelle gebaut. Während der Belagerung der Stadt Brüssel im Jahr 1695 – als auch der Grand Place zerstört wurde – blieb dieses Gebäude wie durch ein Wunder unversehrt. 1784 endete die religiöse Nutzung, die nächsten 130 Jahre wurde das Haus unter anderem als Schulgebäude, Pfandhaus und auch als Lagerhalle verwendet. Kurzzeitig fungierte es sogar als Gefängnis und als Militärapotheke.

1920 wurde das Kloster versteigert, die Stadt Brüssel erstand das Haus und restaurierte es aufwendig. Ab Mitte der 1980er-Jahre konnte das Gebäude von Tanzgruppen verwendet werden. 1999 wurde das Centre d'Art contemporain du Mouvement et de la Voix de la Ville de Bruxelles ins Leben gerufen. Dieses Kunst- und Kulturzentrum fokussiert auf moderne bewegte Kunst – also Tanz und Theater kombiniert mit Klang, Wort und Fotografie. Die Initiative bietet darüber hinaus auch

Wohnmöglichkeiten für Künstler an. Den Höhepunkt des jährlichen Schaffens bildet ein internationales Festival, das jedes Jahr am Ende des Sommers stattfindet. Um die Künstler optimal zu fördern, brauchte man in jüngster Vergangenheit mehr Platz. Die Stadt Brüssel entschied sich dazu, ein völlig neues Haus anzubauen. Der italienische Architekt Andrea Bruno gewann die Ausschreibung mit seinem Vorschlag, die einstige Kapelle zu kopieren – allerdings mit modernen Elementen. Seit 2007 steht diese „doppelte" Kapelle in den Marollen.

In Brüssel schmerzen schnell die Füße. Kopfsteinpflaster erfordert unbedingt festes Schuhwerk. Trotz meiner Sneakers ist es Zeit für eine Pause. Ich bin im Recyclart mit einem Freund verabredet. Zugegeben, Recyclart ist kein gewöhnlicher Name für ein Café/eine Bar. Wer in Brüssel aber in der Kunstszene zu Hause ist, kennt diese Einrichtung, die weit mehr als nur ein Lokal ist.

Recyclart ist im Kern eine Non-Profit-Organisation, die im Jahr 1997 gegründet wurde. In den Bögen unter den Schienen sind Ateliers und Ausstellungsräumlichkeiten eingerichtet, die von Künstlern sämtlicher Disziplinen genützt werden. Daneben gibt es auch die „Fabrik", eine Ausbildungsstätte für Arbeitslose – sie lernen Holz und Metall zu verarbeiten. Zusätzlich macht Recyclart die Kunst für die Brüsseler Bevölkerung (und natürlich Besucher) zugänglich. Regelmäßig finden Vernissagen, Buchpräsentationen, Konzerte und auch Partys statt. Im Sommer werden die Partys nach draußen verlagert – dann gibt es buntes Programm, manchmal sogar mit einem mobilen Partyfriseur.

Ich bestelle mir an der Bar im Recyclart-Café einen Kaffee und blättere die aktuelle Ausgabe der *Agenda* durch. Dieses Gratis-Magazin liegt in den Metro-Stationen sowie in vielen Bars auf und bietet Veranstaltungstipps für die jeweilige Woche.

Orte zum Einkehren

Recyclart

Brasserie La Clef d'Or
Place du Jeu de Balle 1
Tel.: +32 2 511 97 62
Di–So: 7–15 Uhr

Au Plaisir d'Orient
Rue Haute 228
Tel.: +32 2 513 17 04
Mi, Do, Fr, So: mittags und abends, Sa: nur abends
www.auplaisirdorient.net

Le Marché Bio des Tanneurs
Rue des Tanneurs 60
Tel.: +32 2 548 70 36
Di–Fr: 11.30–18 Uhr,
Sa und So: 10–16 Uhr
www.terrabio.be

Recyclart (Bar)
Rue des Ursulines 25
Barreservierung
Tel.: +32 2 289 00 59
Di–Fr: 9.30–17 Uhr
www.recyclart.be

Orte zum Vertiefen

Centre culturel Bruegel
Rue des Renards 1F
Tel.: +32 2 503 42 68
www.ccbruegel.be

Mont de Piété
Rue Saint-Ghislain 21
Tel.: +32 2 512 13 85
Mo: 10–15.30 Uhr,
Di–Fr: 8.30–15.30 Uhr
www.montdepiete.be

Horta Kindergarten
Rue Saint-Ghislain 40
Nicht öffentlich zugängig

Passage 125
Rue Blaes 125
Tel.: +32 2 503 10 27
Täglich 10–17 Uhr
www.facebook.com/
Passage-125-Blaes-in-Brussels

Les Brigittines
Petite rue des Brigittines
Tel.: +32 2 213 86 10
www.brigittines.be

Mont de Piété

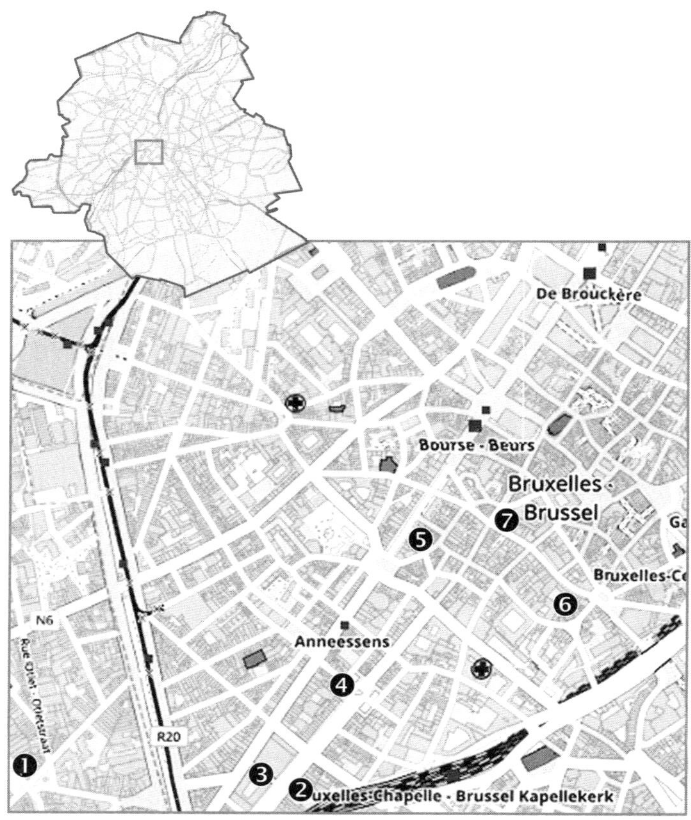

1 Cantillon Brauerei
2 Kunstinstallation Pasionara
3 Miel et Olives
4 Place Rouppe
5 Madame Chapeau (das Lokal)
6 Editions Jacques Brel
7 Nuetnigenough

Ein Brüsseler Bierpfad

Bierkunde für Groß und Klein – von früh bis spät

Cantillon, eine der letzten Brüsseler Brauereien

An manchen Orten würde man schief angesehen werden, wenn man um zehn Uhr morgens schon Bier trinkt. Nicht aber in Brüssel – und schon gar nicht bei Cantillon, einer der wenigen Brauereien, die der Stadt noch erhalten geblieben sind. Die Besitzer sehen es daher als ihre Aufgabe, Brüsseler und Besucher über die Bierkultur in dieser Region aufzuklären.

Ich schiebe die wuchtige Tür auf, schon weht mir der Geruch von Holz und Bier entgegen. An einem Holztresen auf der linken Seite steht schon eine erste Besuchergruppe. Sie hat ihren Rundgang bereits abgeschlossen und beginnt nun, Bier zu verkosten.

Ich schließe mich einer Schülergruppe an und bestaune während der Führung das Brau-Equipment. Mit Maschinen, die teils noch aus dem 19. Jahrhundert stammen, werden hier jährlich im Schnitt 1700 Hektoliter gebraut. Der junge Brauerei-Mitarbeiter bringt den Kindern, die noch gute fünf Jahre zu jung sind, um Bier zu trinken, die Geschichte dieses Hauses bei: Im Jahr 1900 gründete Paul Cantillon in diesem Stadtviertel, Anderlecht, seine Brauerei. Damals war Cantillon noch eine von rund hundert Brauereien in der Stadt. Nach dem Zweiten Weltkrieg führten seine Söhne den Betrieb weiter. Im

Biermuseum

Jahr der Weltausstellung 1958 erreichten die Cantillon-Brüder eine Maximalproduktion von 2500 Hektolitern. Kurz darauf, in den 1960ern, übernahm Jean-Pierre van Roy die Brauerei, jener junge Mann, der die Cantillon-Tochter Claude geheiratet hatte. Heute sind es die Kinder dieses Paares, Jean und Julie, die die Brauerei mit großem Erfolg am Leben halten.

Wir gehen vorbei an großen Kupferkesseln, einer Presse und am Heizwasserspeicher. Danach führt uns der Bierexperte hinauf auf den Getreidespeicher, wo Weizen, Gerste und Hopfen gelagert werden.

Die Kinder werden unruhig. Noch haben sie kein wirkliches Interesse an Bier. Aber es gehört eben zu ihrer Landeskultur, weshalb die Lehrer es ihnen schon in frühem Alter näherbringen wollen. Geduldig versuchen die Erwachsenen, die Biersorten, die in dieser Brauerei gebraut werden, zu erklären. Das Bier, das hier entsteht, ist eine belgische Besonderheit: *Lambic*. Die Gärung dieses Bieres wird nicht vom Braumeister eingeleitet und kontrolliert durchgeführt. Stattdessen geschieht sie natürlich, als eine Reaktion der wilden Hefen und des Zuckers in der Bierwürze. Nur in Brüssel und in einem Umkreis von etwa 20 Kilometern gibt es die Bierhefen, die diese Gärung auslösen. Cantillon ist vor allem bekannt für sein *Gueuze* – hierbei ist von einer Biersorte die Rede, die aus mehreren alten *Lambic* (zwei bis drei Jahre alt) und jungem *Lambic* (ca. sechs Monate alt) gemischt wird.

Die Schüler verstecken sich hinter den Abfüllanlagen und laufen zwischen den Reinigungsmaschinen umher. Es ist Zeit, die Tour zu beenden.

Der Tresen im Erdgeschoß ist nun frei für unsere Verkostung. Zu meiner großen Überraschung teilt ein Brauerei-Mitarbeiter ein rötliches Getränk unter den Schülern aus. Es könnte Saft sein. Ist es aber nicht. Es handelt sich um Fruchtbier. Schon seit Beginn des 20. Jahrhunderts fügen Brauer in Belgien ihrem Bier Obst aus der Region zu – etwa Himbeeren, Kirschen oder Trauben. Die Kinder nippen nur, verziehen trotz der Süße aber das Gesicht.

Meine beiden Probiergläser sind randvoll gefüllt. Ich muss mir etwas Zeit lassen, zumal *Lambic* ohne Kohlensäure und daher sehr gewöhnungsbedürftig ist. Ich setze mich an einen der Tische im Barbereich. Es ist noch nicht einmal elf Uhr und, ehrlich gesagt, für mich noch etwas früh, um zu trinken. Mein schlechtes Gewissen wird aber schnell wieder beruhigt: Wenigstens leere ich nicht eine 0,75l Fl. – wie der junge, bärtige Mann am Nebentisch. Er macht sich in einem Block Notizen. Ich bin zu neugierig, frage ihn, was er macht. Er stellt sich mir als Dave vor, ein kanadischer Chemiestudent, der gerade in Deutschland studiert. Da er selbst eine Mikrobrauerei eröffnen will, nützt er seine freien Tage, um über die Grenze zu kommen und in Belgien Bier zu recherchieren. Inzwischen ist er schon mit der Brauer-Familie hier befreundet und forscht über die besonderen Tropfen. Seine Flasche ist nicht irgendeine Flasche *Lambic*. Das Bier wird über Jahre in einem Cognac-Fass gereift.

Rund um die Gare du Midi: buntes Bahnhofsviertel

Es ist Zeit für etwas frische Luft. Die Cantillon-Brauerei liegt im Stadtviertel Anderlecht, ähnlich wie Schaerbeek (siehe Seite 108 ff.) eine Wohngegend, die zu den günstigeren in Brüssel zählt. Wenn man sich in Brüssel noch nicht so gut auskennt, mag die unvertraute Lage hinter dem großen Bahnhof, Gare du Midi, abschreckend erscheinen – vielleicht hält sie einen sogar davon ab, den Weg zur Brauerei auf sich zu nehmen. Aus diesem Grund hat die Cantillon-Brauerei einen informativen Bierpfad entworfen, einen Spazierpfad, der vom Stadtzentrum zur Brauerei (und wieder zurück) führt. (Natürlich kann man die Brauerei auch gut mit öffentlichen Verkehrsmitteln erreichen.) Mit Besuchern bin ich schon oft diesen Weg gegangen – und habe ihn um meine eigenen Sehenswürdigkeiten ergänzt.

Von der Brauerei aus steuere ich zunächst den Bahnhof Gare du Midi an. Die unmittelbare Umgebung der Brauerei ist ausgestorben: ein, zwei heruntergekommene Damenmodengeschäfte, in denen kaum noch jemand einzukaufen scheint, ein kleiner Pavillon auf einem Platz. Die Plakate auf den Wänden sind schon lange nicht mehr aktuell. Je näher ich aber dem großen Boulevard Poincaré komme, desto belebter wird die Gegend. Wie so oft in Brüssel ist es hier wichtig, nicht auf die Cafés im Erdgeschoß zu achten, sondern nach oben zu blicken. Auf dem Square de l'Aviation steht an der Stirnseite ein noch sehr gut erhaltenes Gebäude im Art-déco-Stil. Früher war hier die Zentrale der Versicherungsgesellschaft *La Prévoyance Sociale* untergebracht.

Ich gehe weiter auf den Boulevard zu und mache kurz vor einer Statue halt, an der die anderen Passanten nur eilig vorüberhuschen. Sie gedenkt den Jahrmarktbetreibern und Schaustellern, die im Ersten und Zweiten Weltkrieg gefallen sind.

Zirkusdenkmal

Der Ort ist passend: Jedes Jahr im Sommer findet für mehrere Wochen entlang des Boulevards der Jahrmarkt *Foire du Midi* statt. Die Brüsseler genießen Achterbahnen, Schießbuden und ein Riesenrad, von dem aus man über die Dächer der Stadt blicken kann.

Nur wenige Schritte sind es noch bis zum Bahnhofsgelände. Der Brüsseler Bahnhof Gare du Midi ist der größte und wichtigste der Stadt. Er ist vor allem für seine internationalen Verbindungen nach London und Paris bekannt, nicht für seine Schönheit. (Wer ein schönes Bahnhofsgebäude sucht, sollte nach Antwerpen fahren!)

Wie in vielen anderen Großstädten ist die Gegend rund um den Bahnhof etwas grau und trist. Wer unter der Woche hier ist, kann nicht erahnen, in welche Farbenpracht sich das Umfeld an einem Sonntagmorgen verändert, dann, wenn hier einer der größten Freiluftmärkte Europas stattfindet. Um diesen zu genießen, ist es ratsam, früh aufzustehen. Spätestens ab 10 Uhr schieben sich die Einheimischen mit ihren kleinen Shoppingtrolleys durch die Gänge. Die Pflanzenhändler direkt unter den Schienen sind beliebt. Mein Lieblingsstand liegt östlich der Gleise: ein Imbissstand unter aufgespannten

Zeltplanen. Neben heißem Minztee, Oliven und Baklava gibt es hier gefüllte marokkanische Crêpes, eine Art gebratener Teigfladen mit diversen Füllungen. Der Gedanke an einen gerollten Fladen mit Ricotta und Honig gefüllt, treibt mich am Wochenende auch früh am Morgen aus dem Bett. Marokkanische Crêpes (auch *Msemmen* genannt) gibt es auch in den vielen orientalischen Bäckereien – allerdings ohne Füllung.

Jetzt, da die Bahnhofsumgebung leer ist, bleibt Zeit, kurz einen Blick zu *Tintin* hinaufzuwerfen: *Tintin* und sein Hund *Milou*, im Deutschen bekannt als *Tim und Struppi*, lachen vom Dach des Bürogebäudes in der Avenue Paul-Henri Spaak 7. Der Verlag *Le Lombard*, früher Herausgeber des *Tintin*-Magazins (siehe Seite 134) und einer der wichtigsten Verlage der belgischen Comicbranche, hat hier seinen Sitz.

Ich wähle die Avenue de Stalingrad, um in Richtung Stadtzentrum zu gehen. Zwar kann man es von hier aus nicht erkennen, aber diese Straße führt fast direkt auf den Grand Place zu.

Am unteren Ende sticht mir ein seltsames Objekt, ein übergroßes Blasinstrument, ins Auge. Es handelt sich um die Kunstinstallation *Pasionaria* des Künstlers Emilio

Übergroße Trompete in der Avenue de Stalingrad

López-Menchero. Das Werk wurde von der Brüsseler Kommission für urbane Kunst in Auftrag gegeben, um vier Jahrzehnte der marokkanischen Einwanderung zu feiern. Seit Juli 2006 steht die riesige Trompete an dieser Kreuzung. Der Standort für dieses Sprachrohr wurde mitunter deshalb so gewählt, weil rund um den Bahnhof Gare du Midi regelmäßig Demonstrationen stattfinden. Es ist also ein Ort, an dem Stimmen gehört werden wollen. Nachdem ich die wenigen Treppen zur Trompete hinaufgestiegen bin und mich selbst als Redner versucht habe, schlendere ich über die Fußgängerzone in der Mitte des Boulevards stadteinwärts. Der Weg ist von Bäumen gesäumt, dazwischen befinden sich ein paar Sitzbänke, auf denen überwiegend Männer Platz genommen haben. Auch auf den Gehsteig-Terrassen vor den afrikanischen Teestuben befinden sich wenige Frauen. Marokkanische Bäckereien wechseln sich mit Halāl-Fleischern, Fischhändlern und Gemüseständen ab. Diese Gegend ist noch Teil des Bahnhofsviertels – der Wohnraum ist günstig und daher besonders für Migranten attraktiv. Wenig deutet darauf hin, dass es hier

Südpalast

Miel et Olives

einige historisch interessante Adressen gibt – nicht nur für Bierfans.

Wieder einmal gilt es, den Blick nach oben zu richten. Haus Nr. 62 etwa ist ein schönes Beispiel für Brüsseler Architektur. Die meisten Spaziergänger werden allerdings ihren Blick auf das wuchtige Gebäude auf der anderen, der linken Straßenseite, lenken: auf den Südpalast. Mit den vielen Geschäften im Erdgeschoß und dem einen oder anderen Graffiti bedarf es etwas Fantasie sich diesen Palais du Midi in seiner einstigen Pracht vorzustellen. Der Architekt Wynand Janssens gestaltete dieses Bauwerk, das zwischen den Jahren 1875 und 1880 errichtet wurde. Die vier Gebäudekörper mit der überdachten Passage beheimateten einst einen Markt. Ziel war es damals schon, diesen Abschnitt des Boulevards wiederzubeleben. Über die Jahrzehnte diente der Palais du Midi den unterschiedlichsten Zwecken, heute sind in diesem etwas vernachlässigten Komplex Wohnungen, Büros sowie ein Fitnesscenter untergebracht.

Auf der anderen Seite der Passage und noch ein paar Türen weiter nach links befindet sich ein Geheimtipp für Hungrige. Miel et Olives ist ein unscheinbares Imbiss-Geschäft. Man kommt nicht wegen des Charmes hierher (Plastikmobiliar und Fernseher an der Wand), sondern wegen der gefüllten marokkanischen Crêpes. Miel et Olives ist das Mutterlokal des oben genannten Stands am Midi-Markt. Wer unter der Woche nicht auf diesen warmen, gefüllten Snack verzichten möchte, muss nur zum Boulevard Maurice Lemonnier kommen.

Ich nehme mir eine kleine Stärkung mit auf den Weg und kehre durch den Südpalast zurück zu meinem eigentlichen Pfad. Das nächste Haus, vor dem ich haltmache, befindet sich bei Nr. 24. Dieses wurde früher von der Familie Wielemans-Ceuppens bewohnt, einst eine sehr bekannte belgische Brauer-Familie. Anfang des 20. Jahrhunderts war ihre Brauerei südlich des Midi-Bahnhofs die größte Brauerei Belgiens. Seit 1989 wird in der Avenue Van Volxem kein Bier mehr gebraut, dafür ist das Gebäude ein beeindruckendes Museum für moderne Kunst.

Ein paar Schritte weiter endet die Avenue de Stalingrad an dem Place Rouppe, der durch einen Kreisverkehr samt Brunnen geschmückt wird: Die stolze Dame in der Mitte steht stellvertretend für die Stadt Brüssel. Sie stammt vom belgischen Bildhauer Charles-Auguste Fraikin, den Sockel gestaltete Joseph Poelaert, jener Architekt, der für den monströsen Justizpalast sowie die Liebfrauenkirche in Laeken bekannt ist, in der sich heute die königliche Krypta befindet.

Place Rouppe

Houtsiplou

Weniger auffällig ist das Gebäude in der linken, südlichen Ecke des Platzes: Hier befand sich einst die École Modèle, wo übrigens Claude Cantillon, die Tochter des Braumeisters, zur Schule ging und ihren Gatten Jean-Pierre van Roy kennenlernte.

Gegenüber der Schule, an der nördlichen Seite des Platzes, gibt es ein Lokal, das allen Burger-Liebhabern zu empfehlen ist: das Houtsiplou. Der Name steht für einen fantasievollen Ort, weshalb die bunte Bemalung im Inneren und die ausgefallene Präsentation der Speisen nicht weiter verwundern. (Die Pommes frites werden zum Beispiel in einem kleinen Blumentopf serviert.) Houtsiplou ist aber auch ein realer Ort in der Provinz Liège.

Geradezu unscheinbar wirkt das Hotel auf der gegenüberliegenden Straßenseite, das Hôtel à la Grande Cloche, dabei ist es ein Denkmal an eine große Bahnhofsuhr, die sich einst hier befand. Im 19. Jahrhundert war diese Gegend ein belebtes Bahnhofsviertel. Der Südbahnhof lag damals viel näher dem Stadtzentrum und hieß La Gare des Bogards. Einer der prominentesten Passagiere, die hier an- und abreisten, war übrigens der französische Schriftsteller Victor Hugo.

Begegnungen an jeder Ecke: von Madame Chapeau bis Jacques Brel

Ich setze meine Route entlang der Rue du Midi, der Verlängerung der Avenue de Stalingrad, fort. An der rechten Seite ist die Académie royale des Beaux-Arts de Bruxelles (Königliche Akademie der Schönen Künste) nicht zu übersehen. Diese belgische Kunsthochschule zählte Ende des 19. Jahrhunderts zu den bedeutendsten Lehrstätten des Landes. Anfang des 20. Jahrhunderts prägte sie die Bewegung der Moderne deutlich mit. Zu den berühmten Schülern zählen etwa Baumeister Joseph Poelaert, Bildhauer Constantin Meunier, der Maler René Magritte sowie die Architekten Paul Hankar und Victor Horta. Während des Semesters ist es meist möglich, einen Blick in die Hochschule zu werfen. Gelegentlich stellen die Studenten auch in Ausstellungen aus.

Gleich an der nächsten Querstraße werde ich von einem typisch belgischen Kunstwerk in Übergröße begrüßt. An der Fassade der Rue des Bogards Nr. 28 ist eine Comicszene mit *Monsieur Jean* zu sehen. Es ist der Held des Autoren- und Zeichnergespanns Philippe Dupuy und Charles Berbérian und unter belgischen Comiclesern eine bekannte Figur. Die Geschichten des *Monsieur Jean* sind vor allem geprägt von seinem chaotischen Umfeld: Als Mittdreißiger manövriert er zwischen Freiheitsdrang und Elternschaft durchs Leben.

Die nächste Straßenecke wird von einer Frau bewacht, genauer gesagt von *Madame Chapeau*. Die nette ältere Dame mit Brille auf der Nase packt gerade ihr Kleingeld weg, ihre Einkaufstasche ist prall gefüllt. Ihr wirklicher Name ist Amélie Van Beneden und sie ist eine Figur aus dem belgischen Theaterstück *Bossemans et Coppenolle*. Das Stück wird sogar heute noch immer wieder im Theater aufgeführt. *Madame Chapeau* ist nicht bloß irgendeine alte Oma. Sie steht stellvertretend für den Streit zwischen den zwei heimischen

Fußballmannschaften *Royal Daring Club Molenbeek* und *Royale Union Saint-Gilloise.*

Neuerdings hat ein Lokal gleich um die Ecke die Dame sogar zur Namenspatronin gemacht: Das Restaurant Madame Chapeau ist auf die belgische Leibspeise *Stoemp* in unterschiedlichen Variationen spezialisiert. Während in den typischen Gaststätten *Stoemp* zur Bratwurst serviert wird, gibt es hier ausgefallene Kombinationen – sogar *Stoemp* mit Hummer.

In den kleinen Gassen, die links von der Rue du Midi wegführen, gibt es viel zu entdecken. In der Rue des Moineaux, gleich hinter der Madame-Chapeau-Statue, ist etwa der pittoreske kleine Durchgang Rue de la Gouttière, nur wenige Schritte weiter liegt die Kirche Notre-Dame de Bon Secours. Wenn man durch die Gassen schlendert, bemerkt man hier oft, dass es teilweise große Höhenunterschiede gibt. Diese „Hügel" sind entstanden, als die Senne, der Brüsseler Fluss, im späten 19. Jahrhundert durch unterirdische Kanäle umgeleitet wurde, um große Boulevards nach dem Pariser Vorbild entstehen zu lassen. In der nächsten Straße, der Rue des Grands Carmes, liegt im linken Straßenzug übrigens das empfehlenswerte äthiopische Restaurant KoKoB.

Heute biege ich nach rechts ab, folge der Straße, vorbei am *Manneken Pis*, von dem ich kaum etwas sehe, da sich so viele Touristen um ihn drängen. Ich bin dem Brüssel-Maskottchen, das gerade einmal sechzig Zentimeter misst und 1619 vom niederländischen Bildhauer Jérôme Duquesnoy geschaffen wurde, schon oft genug begegnet. Irgendwann wird es eben langweilig, selbst wenn das pinkelnde Männchen regelmäßig seine Kleider wechselt: Vom Hard-Rock-Café-Outfit bis zum österreichischen Trachtenkostüm hat *Manneken Pis* alles in seiner Garderobe. (Diese wird übrigens im Musée de la Ville de Bruxelles auf dem Grand Place ausgestellt.)

Viel zeitgemäßer finde ich den riesengroßen *Manneken Pis*, der an einer Hausfassade in der Rue du Chêne zu bewundern ist:

Moderner Manneken Pis

Dieser Junge ist ein belgischer Hip-Hopper samt Gettoblaster.

Am Ende der Straße gedenkt man einem anderen berühmten Belgier: Jacques Brel. Dieser wurde 1929 in der *Commune* Schaerbeek geboren. Die Stiftung, die nach ihm benannt ist, widmet sich dem Leben und dem künstlerischen Nachlass des Chansonniers, der Mitte des 20. Jahrhunderts Erfolge mit Hits wie „Ne me quitte pas“ oder „Amsterdam“ feierte. Seit Kurzem gibt es auch Audioguides auf Englisch, allerdings sollte man schon ein paar Brocken Französisch verstehen, da es viele Chansons zu hören gibt. Sie handeln von Matrosen, kleinen Leuten und der belgischen Heimat, der Künstler singt sie in seinem typischen Brüsseler Akzent.

Der Grand Place, nur einen Katzensprung entfernt, ist beeindruckend (und zum Glück auch weitläufig) genug, dass ich beschließe, mich heute weiter zum (touristischen) Herzen der Stadt zu wagen. Dabei komme ich am Hotel Amigo vorbei. Eine Menschentraube drängt sich auch um diese Straßenecke. Es dauert eine Weile, bis ich herausfinde, weshalb. Eine Boyband, die in der Stadt gastiert, steigt gerade in dieser Unterkunft ab. Die Teenager, die erwartungsvoll ihre Smartphones in die Luft halten, scheinen keinen Schimmer von der unterhaltsamen

Geschichte dieses Hauses und dieser Straße zu haben: Bis zum Jahr 1958 befand sich hier ein Gefängnis, in früheren Jahrhunderten wurde es *Vrunte* genannt, nach einem alten holländischen Wort für Gefängnis. Spanische Soldaten verwechselten diese Bezeichnung allerdings mit *Vriendt*, dem Wort für Freund. In der Folge übersetzten sie den Straßennamen hier mit *Amigo*.

Auf dem Grand Place bestaunen die Besucher die Schönheit der goldverzierten Fassaden. Nicht umsonst ist dieser Platz als UNESCO-Weltkulturerbe gelistet. Haus Nr. 8 – L'Etoile genannt – ist mein liebstes Gebäude, denn es ist das kleinste Haus auf dem Platz. Es wurde Mitte des 19. Jahrhunderts abgerissen, weil es als Hindernis galt. Der ehemalige Brüsseler Bürgermeister Charles Buls setzte sich später für den Wiederaufbau ein. Die wenigsten bemerken die verzierte Tafel unter den Arkaden im Erdgeschoß, die Buls als den Retter des Grand Place feiert. Daneben ist ein Denkmal von Julien Dillens, das einen Mann auf dem Sterbebett zeigt: Es handelt sich um Everard t'Serclaes, der im 14. Jahrhundert die Stadtfreiheit gegen den Grafen von Flandern verteidigte.

Everard t'Serclaes

Auch Bierkenner treffen sich in der touristischen Innenstadt

Es ist höchste Zeit, nun endlich selbst ein Bier zu trinken – und mich mit einem Kenner zu treffen. Paul von der Zeitschrift *Belgian Beer & Food*, hat sich bereit erklärt, mir seine Tipps für belgische Biereinsteiger zu verraten. Er schlägt das Lokal À la Bécasse direkt im Stadtzentrum vor. Bislang bin ich noch nie hier gewesen – vermutlich weil der grell blinkende Pfeil über der Tür kitschig und damit abschreckend wirkt. Heute stelle ich aber zu meiner Überraschung fest, dass hinter dem schmalen Durchgang ein uriges und zugleich geschichtsträchtiges Lokal liegt. 1877 bereits gründete der Urgroßvater der heutigen Besitzer – die Steppé-Familie – das einstige Estaminet. Damals gab es noch keinen Durchgang, denn der Platz rund um die Kirche Saint-Nicolas war viel weitläufiger als heute. Die heutige Rue de Tabora und die vorderen Häuser wurden erst Anfang des 20. Jahrhunderts errichtet.

Paul schätzt das Lokal wegen des umfassenden Bierangebots. Ich wähle sorgsam, um dem Bierkenner zu imponieren, und bestelle ein starkes, dunkles *Waterloo Double*. Dieses Bier wirbt mit dem Slogan „The Beer of Bravery". Der Legende nach sollen Duke of Wellingtons Soldaten am Vorabend der Schlacht von Waterloo, die sich im Jahr 1815 nur wenige Kilometer südlich von Brüssel ereignete, dieses Bier getrunken haben.

Anders als erwartet, beginnt Paul nicht mit einem Vortrag über die Trappistenbiere, für die Belgien bekannt ist. Sechs unterschiedliche Trappistenbiere werden hierzulande von Trappistenmönchen in einem Trappistenkloster gebraut. Das bekannteste in Brüssel – und in fast jeder Bar zu finden – ist *Chimay* aus dem gleichnamigen Ort etwa 120 Kilometer südlich von Brüssel. Auch die Biere der Abtei *Westmalle*, nördlich von Antwerpen, stehen sehr oft auf Getränkekarten.

À la Bécasse

„Trappistenbiere sind nicht unbedingt gut zum Anfangen“, sagt Paul. „Sie sind meistens sehr stark und der Abend ist dann schnell vorbei.“ Ein *Westmalle Tripel* hat 9,5 Prozent Alkohol. Mein Lieblingstrappistenbier, *Rochefort 10*, sogar 11,3 Prozent. Im gut sortierten Supermarkt oder in einem der vielen Biergeschäfte gibt es meist fünf der sechs belgischen Trappistenbiere zu kaufen. Das sechste, *Westvleteren*, ist nicht leicht zu bekommen – und wenn, dann meist zu Preisen rund um 15 Euro für eine 0,3l-Fl. Das Bier wird offiziell nur in der Brauerei nahe der französischen Küste verkauft. Ein paar Flaschen finden dennoch immer wieder ihren eigenen Weg in Geschäfte und Lokale.

Ich selbst schütze meinen Vorrat im Keller so, als handele es sich um flüssiges Gold. Ein Einkauf in der Brauerei Westvleteren ist nämlich ein kniffliges Unterfangen, das guter Planung bedarf. Eine Abholung muss im Voraus vereinbart werden. Auf der Webseite des Klosters wird nur ein sehr knappes telefonisches Zeitfenster dafür angekündigt. 74 Anrufversuche hat es gebraucht, bis ich endlich meine Bestellung aufgeben konnte. Und selbst wer diese Hartnäckigkeit besitzt, kann nur begrenzt einkaufen: Zwei Kisten (mit je 24 Flaschen) sind die Maximalmenge – ein Mal in 60 Tagen. (Das Autokennzeichen und die Telefonnummer werden für diesen Zeitraum gesperrt.)

Bierliebhaber aus ganz Europa pilgern hierher. Wer keinen Termin für die Warenabnahme ergattert, begnügt sich mit einem Bier im Gasthaus vor Ort und einem Sechserpack, der ohne Reservierung mitgenommen werden kann.

Statt der Trappistenbiere empfiehlt Paul, mit einem „echten" Brüsseler Bier zu beginnen. Nein, *Jupiler* und *Stella Artois* – die beide zum Großkonzern Anheuser-Busch InBev gehören – sind keine Brüsseler Biere. Das eine wird in der Nähe von Liège gebraut, das andere in Leuven.

Brüsseler Brauereien sind, wie bereits erwähnt, spärlich geworden. Paul ist ein großer Freund des Cantillon-Sortiments, empfiehlt es aber nicht für Einsteiger. An *Gueuze* und *Lambic* müsse man sich langsam herantasten.

Wer mit einem typisch belgischen – aber nicht allzu starken – Bier beginnen will, ist mit den Bieren der sehr jungen Brauerei Brussels Beer Project gut beraten. Ihr „Standardbier" *Delta*, ein IPA (*India Pale Ale*), ist inzwischen schon auf vielen Karten und in vielen Geschäften zu finden. Auch *Grosse Bertha* (Hefeweizen), *Dark Sister* (Black IPA) und *Babylone* (Bitter) sind rund ums Jahr verfügbar. Die Namen lassen schon erahnen, dass hinter diesen Bieren kreative Köpfe stecken. Der Aufstieg dieser Brauerei ist noch spannender als ihr Bier: 2013 riefen die Initiatoren das Projekt #BeerForLife ins Leben. Mittels Crowdfunding wollten sie das Geld für die Brussels Beer Project-Brauerei in der Rue Antoine Dansaert auftreiben. Der Deal für die „Investoren" ist dabei simpel: Für einmalige 160 Euro erhält jeder Investor zwölf Flaschen Bier pro Jahr, ein Leben lang. Dass die Brauerei im Herbst 2015 ihre Pforten eröffnen konnte, ist der Beweis, wie gut dieses Unterfangen geglückt ist.

Eine weitere Brüsseler Brauerei ist die Brasserie de la Senne. *Taras Boulba*, ein recht trockenes Bier, zählt zu Pauls Lieblingen.

Neben *Lambic*, wie es in der Cantillon-Brauerei etwa hergestellt wird, sind auch Saisonbiere eine belgische

Ein Bier aus dem Sortiment der Brasserie de la Senne

Besonderheit. Sie sind ebenso als *Bière du Terroir* bekannt und wurden einst in den Wintermonaten gebraut, um sie in den heißen Sommermonaten den landwirtschaftlichen Arbeitern als Erfrischung zu geben. Diese Biere – wie beispielweise *Saison Dupont* – weisen einen niedrigeren Alkoholgehalt auf und können ruhig in der Mittagspause getrunken werden.

Nicht zu verwechseln sind die Saisonbiere mit den Weihnachtsbieren, die viele Brauereien rechtzeitig zum Advent auf den Markt bringen. Diese haben oft eine zur Jahreszeit passende Note, zum Beispiel riecht man einen Hauch von Lebkuchengewürz oder Lakritz. Die wenigsten wissen, dass das weitverbreitete Bier *Stella Artois* einst ein Weihnachtsbier war. (Der Name Stella leitete sich vom Weihnachtsstern ab.) Die Nachfrage aber war so groß, dass es das Bier bald das ganze Jahr über gab.

Viele Belgien-Touristen sind zunächst von der großen Auswahl an Bieren überfordert. (Die meisten Fachgeschäfte haben mehrere Hundert Stück im Sortiment.) Manche können zunächst nur ein belgisches Bier nennen: *Stella Artois*. Schließlich wird dieses Bier weltweit in Werbekampagnen als Premium Bier platziert – obwohl Belgien ganz andere Schätze zu bieten hat. „Macht diese Dominanz von *Stella Artois* und auch von *Jupiler* die anderen Brauer nicht missmutig?", frage ich Paul. „Im Gegenteil", erklärt er. „Die weltweite Vermarktung von *Stella Artois* trägt stark dazu bei, Belgien als Bierland zu bewerben."

Wer in Belgien übrigens auf Bierwerbungen achtet, wird schnell merken, dass es immer um das Bier, also um die eine Sorte und um dessen Persönlichkeit geht, anstatt um die Brauerei, die dahinter steht.

Bier wird in Belgien zelebriert wie in vielen anderen Ländern der Wein. Jedes Bier hat sein eigenes Glas, Grafiker feilen lange an ausgefallenen Logos. Hinzu kommt, dass man das Bier in kleineren Einheiten trinkt: 0,3 Liter ist die übliche Größe einer Bierflasche. Es lohnt, es einen Abend lang durchzukosten – am besten in einem spezialisierten Bierlokal. Berühmt – und an Wochenenden einfach zu voll und unangenehm – ist das Délirium Café. Viele Touristen bleiben im grellen Tap-Shop im Erdgeschoß hängen. Hier gibt es etwa 30 Biere vom Zapfhahn. Man muss wissen, dass im Keller die Einrichtung uriger und das Sortiment größer ist. Vor allem,

Brussels Beer Project

Nuetnigenough

wenn man am frühen Abend unter der Woche hierherkommen kann, kann man sehr entspannt genießen. 3000 Biere hat das Délirium Café im Lager. Am besten, man fragt an der Bar nach der dicken Mappe und wählt aus der langen Liste aus.

Pauls Glas ist leer. Er muss weiter, er hat noch einen Termin für sein Magazin. Ich hingegen brauche nun dringend etwas zu essen. Ob er mir ein Bierlokal mit guter Küche empfehlen kann? „Nuetnigenough", sagt Paul. Er ist nicht betrunken. Das Lokal, das er vorschlägt, hat nur einen komplizierten Namen, der übersetzt „Nie genug" bedeutet.

Eine Stunde später weiß ich, dass man vom Essen hier tatsächlich nie genug haben kann: Die Fleischbällchen mit *Stoemp* sind vorzüglich und das Biersortiment ist ausgefallen.

Orte zum Einkehren

Miel et Olives

Miel et Olives
Boulevard Maurice Lemonnier 160 / Tel.: +32 2 450 68 43
Mo–So: 6–24 Uhr

Houtsiplou
Place Rouppe 9
Tel.: +32 2 511 38 16,
Mo–Fr: 12–14 Uhr und 18–22.30 Uhr, Sa, So: 12–15 Uhr und 18–22.30 Uhr
www.houtsiplou.be

Madame Chapeau
Rue du Marché au Charbon 94
Tel.: +32 2 514 40 44
Mi–So: 12–24 Uhr
www.madamechapeau.be

KoKoB
Rue des Grands Carmes 10
Tel.: +32 2 511 19 50
Mo–Fr: 18–23 Uhr, Sa und So: 12–15 und 18–23 Uhr
www.kokob.be

À la Bécasse
Rue de Tabora 11
Tel.: +32 2 511 00 06
Mo–Do, So: 11–24 Uhr, Fr, Sa: 11–1 Uhr
www.alabecasse.com

Délirium Café
Impasse de la Fidélité 4
Tel.: +32 2 514 44 34,
Mo-Sa: 10-4 Uhr,
So: 10-2 Uhr
feiertags geschlossen
www.deliriumcafe.be

Nuetnigenough
Rue du Lombard 25
Tel.: +32 2 513 78 84
Mo-Fr: ab 17 Uhr,
Sa und So: ab 12 Uhr
(letzte Bestellungen 22.30 Uhr)
www.nuetnigenough.be

Orte zum Vertiefen

Cantillon Brauerei
Rue Gheude 56
Tel.: +32 2 521 49 28
Mo-Sa: 10-17 Uhr,
Mi-So-feiertags geschlossen
www.cantillon.be

Editions Jacques Brel
Place de la Vieille Halle aux Blés 11 / Tel.: +32 2 511 10 20
Di-So: 12-17.30 Uhr (Juli und August: feiertags geöffnet, sonst geschlossen. Erste zwei Wochen im Januar geschlossen)
www.jacquesbrel.be

Brussels Beer Project
Rue Antoine Dansaert 188
Tel.: +32 2 502 28 56
Do, Fr und Sa: 14-22 Uhr
www.beerproject.be

Brasserie de la Senne
Chaussée de Gand 565
Tel.: +32 2 465 07 51
Mo-Fr: 9-15 Uhr
www.brasseriedelasenne.be

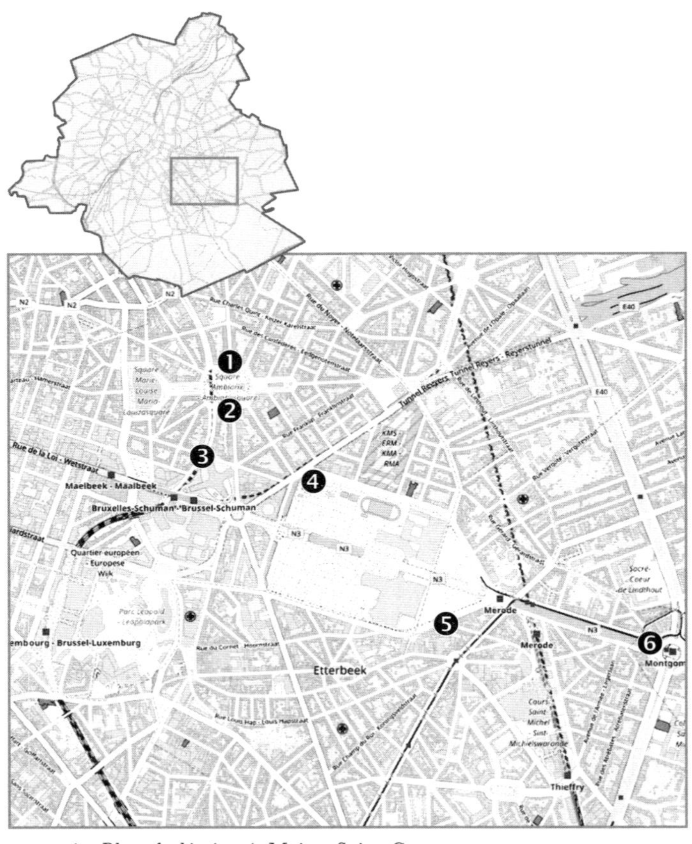

1 Place Ambiorix mit Maison Saint-Cyr
2 Sabores
3 Kitty O'Shea's
4 Pavillon der menschlichen Leidenschaften
5 Maison Cauchie
6 Leopold Café Press

EU-Viertel

Tapas, Bausünden und grüne Lunge

Square Ambiorix: Knotenpunkt zwischen EU-Bezirk und Schaerbeek

Die Sonne scheint, gleichzeitig ist es kalt. Die letzten Spuren des Winters mischen sich mit den ersten Anzeichen, dass der Frühling naht. Dieser Übergang, das Zwischendrin und diese Uneindeutigkeit passen für mich gut zum Square Ambiorix: Fünf Gehminuten südlich liegt der Rond-Point Schuman, das Herz des Brüsseler EU-Viertels. Hier hupen Taxis und Anzugträger ziehen ihre kleinen Businesstrolleys hinter sich her. Geht man allerdings fünf Minuten in die andere Richtung, ist man in Schaerbeek angekommen, im heruntergekommenen Teil, einem der ärmeren, raueren Viertel der Stadt (siehe Seite 108 ff).

Der Square Ambiorix liegt mittendrin, nicht mehr ganz hier, noch nicht ganz dort, dafür unbestritten wunderschön: Ein symmetrisch angelegter Park mit einem schmalen Grünstreifen entlang der Avenue Palmerston, der zum Weiher am Square Marie-Louise hinunterführt; auf der anderen Seite befindet sich der Square Marguerite. Als das Viertel Ende des 19. Jahrhunderts umgebaut wurde, stand man vor dem Problem, dass das Gefälle des Maelbeektals hier zu beachtlichen Höhenunterschieden führte. Die elegante Lösung: Die Grünflächen wurden wie Terrassen auf vier Ebenen angelegt, die zentralen

Das Hôtel van Eetvelde

Gärten werden dabei vom Square Marguerite hinunter bis zum Square Marie-Louise immer breiter. Am unten gelegenen Wasser füttern Expat-Mütter gemeinsam mit ihren Kindern die Enten.

Rund um den Square Ambiorix reihen sich Jugendstil-Schmuckstücke aneinander. Die meisten werden heute als Wohn- oder Bürohäuser genutzt, so wie das prachtvolle Hôtel van Eetvelde, das der Brüsseler Jugendstilarchitekt Victor Horta kurz vor der Jahrhundertwende zum 20. Jahrhundert für den gleichnamigen Baron designte. (Dieser verwaltete im Auftrag von König Leopold II. die damalige belgische Kolonie Kongo.) Wenige Jahre später gestaltete Horta auch das Mietshaus Nr. 2 auf der linken Seite.

Persönlich zieht es mich immer wieder zu einem anderen Haus: Square Ambiorix Nr. 11. Die Maison Saint-Cyr gilt als das Meisterwerk von Gustave Strauven, einem 1878 im Stadtteil Schaerbeek geborenen Architekten. Nach dem Studium am Brüsseler Institut Supérieur d'Architecture Saint-Luc arbeitete er 1896 als Zeichner im Büro von Victor Horta. Sein Stil hebt sich deutlich von dem seines frühen Lehrmeisters ab: Er setzt auf viel Schmiedeeisen – und jede Menge Extravaganz. Bei

La Maison Saint-Cyr

jedem Besuch entdecke ich einen neuen Schnörkel, sei es bei der Fensterverzierung im dritten Stock oder beim geschwungenen Treppenaufgang. Die Maison Saint-Cyr, insgesamt nur vier Meter breit, wurde in den vergangenen Jahren aufwendig restauriert. Auch bei meinem heutigen Besuch wirkt es unbewohnt. So schön das schmale Haus von außen ist, so unpraktisch ist es drinnen. Lange hing an der Fassade ein Schild mit der Aufschrift „*À Louer*" (zu vermieten), im Moment sieht es aus, als hätte man jemanden gefunden, der mit den atypischen Raumformen leben kann.

Ich lasse die Maison Saint-Cyr hinter mir und überquere den Square Ambiorix in Richtung Rond-Point Schuman. Ein paar Eurokraten legen hier bereits eine frühe Mittagspause ein. In der Straße, die zum riesigen Kreisverkehr führt, liegt gleich zu Beginn eines meiner Lieblingsgeschäfte: Dort gibt es weder Pralinen noch Waffeln, sondern spanische Köstlichkeiten. Sabores de España liegt ein paar Stufen unterhalb des Gehsteigniveaus im untersten Stockwerk eines Wohnhauses. Der freundliche Besitzer, Jesus, betreibt das Etablissement seit acht Jahren – zur Freude der vielen Spanier, die in den umliegenden EU-Institutionen arbeiten, aber auch zur Freude der Einheimischen. Täglich bäckt er in der kleinen Küche hinter der

Verkaufsstelle verschiedene Tortillas, zudem gibt es Chorizo, spanischen Schinken, Weine und viele Konserven. Besonders stolz ist Jesus, der zuvor ein Restaurant in dieser Gegend führte, auf die Produkte aus Nordspanien, seiner Heimatregion. Heute hat er nicht lange Zeit zu plaudern, zwei Polizisten kommen herein, grüßen und setzen sich auf die Hocker im kleinen Bar-Bereich des Lokals. Sie scheinen regelmäßig ihre Kaffeepause bei Jesus zu verbringen. Sie reden drauf los – auf Flämisch. Jesus antwortet fließend. Er bemerkt meine Verwunderung. „Ja, ich spreche Flämisch", sagt er. „Das ist gut für die Kundschaft. In den benachbarten Läden werden sie nur auf Französisch oder Englisch bedient." Zwar spricht der Großteil der Brüsseler Bevölkerung Französisch, aber immer wieder hört man auch Flämisch. Jesus zählt die Sprachen auf, die er beherrscht, sechs oder sieben sind es insgesamt. Er weiß, dass er hier in dieser Umgebung viele Nationalitäten bedienen muss.

Die benachbarten Lokale in der Rue Archimède spiegeln wider, dass ich mich tatsächlich im Zentrum Europas aufhalte: Auf den Spanier folgt ein italienischer Feinkostladen, darauf folgt das James Joyce, Brüssels ältestes Irish Pub. Gegenüber hat sich ein typisches Expat-Geschäft angesiedelt: Gourmet International Food & Gifts führt britische und skandinavische Produkte. Wer bereit ist, sein Heimweh trotz der erhöhten Preise zu stillen, kann sich hier von der Klatschzeitschrift bis zur Mehlspeise alles holen, was er in Brüssel vermisst.

Wer nach Brüssel kommt, weiß oft nicht, wie lange er bleiben wird. Die, die ursprünglich nur für einen Ein- oder Zweijahresvertrag angereist sind, lassen sich hier oft für ihr restliches Leben nieder. Gerade für binationale Paare ist Brüssel eine gute Heimat – wenn er nicht die Sprache in ihrem Land spricht und sie nicht die in seinem. Auch auf die Lieblingskekse oder die Lieblingsmarmelade muss man in Brüssel nicht verzichten. Dafür sorgen Brüsseler Händler. Internationale Shops gibt es zur Genüge. Besonders heimatbezogen scheinen die Briten zu sein. Sie haben einen eigenen großen Supermarkt, allerdings liegt dieser 15 Autominuten außerhalb von Brüssel im ländlichen Everberg. (Gegenüber vom Haupteingang grasen Schafe auf einer Wiese!) Im Stonemanor kann man seit über 30 Jahren britische Produkte kaufen: von der *Cadbury*-Schokolade über tiefgefrorene Scones bis hin zu Mineralwasser und sogar Klopapier der Lebensmittelkette *Waitrose*. Im zweiten Obergeschoß gibt es eine eigene Bettenabteilung, für all jene, die Wert auf britische Bettruhe legen. Sonntagvormittag ist der Tea Room nebenan voll mit Engländern, Iren und neugierigen anderen Nationalitäten, die *Baked Beans* auf Toast frühstücken.

Schuman: Kommission statt Kloster, Glaspalast statt Wiese

Ich gehe weiter Richtung Schuman: In den Brasserien rund um das Berlaymont-Gebäude, das Hauptquartier der EU-Kommission, bestellen die ersten Gäste schon Bier. Andere sitzen mit Kaffeetasse in der Hand über den Laptop gebeugt oder diskutieren über Zettelbergen. Vom ursprünglichen Viertel ist nach dem Einzug der europäischen Institutionen nicht mehr viel übrig geblieben – nur mehr der Name des Kommissionszentrums: „Berlaymont“ geht zurück auf eine Klosterschule, die die Augustinerinnen 1864 an dieser Stelle eingerichtet hatten. Euphorisiert von der Brüsseler Weltausstellung 1958 und in der Hoffnung, damit die Prosperität der Stadt steigern zu können, hat sich die belgische Regierung seit Ende der 1950er-Jahre darum bemüht, die EU-Verwaltung hier anzusiedeln. Als das (mittlerweile von Grund auf renovierte) Berlaymont-Gebäude geplant und zwischen 1963 und 1968 nach Plänen des Architekten Lucien de Vestel errichtet wurde, war noch nicht einmal sicher, ob die Kommission wirklich langfristig einziehen würde – als Plan B wurde daran gedacht, belgische Beamte oder ein Ministerium unterzubringen. Die Kommission blieb aber dauerhaft – und mittlerweile wird das Viertel rund um Schuman vollends von den Eurokraten eingenommen. (Für eine Weile musste das Gebäude ab 1992 wegen hoher Asbestbelastung geschlossen und renoviert werden. Seit 2004 arbeiten EU-Kommissare und ihre Mitarbeiter hinter einer neuen Fassade, die aus zahlreichen Lamellenfenstern besteht.)

Bei den vielen Autos und all den Anzugträgern, die sich hier tummeln, kann man sich kaum vorstellen, dass gegenüber dem Berlaymont-Gebäude vor knapp 30 Jahren noch eine große grüne Wiese war. Dort, wo heute das Justus-Lipsius-Ratsgebäude steht, in dem die Staaten seit 1995 tagen. Die Anwohner haben damals heftig gegen den Bau protestiert, sie fürchteten – nicht zu Unrecht, wie man mittlerweile weiß –, dass das Viertel zu einem „Verwaltungsgetto" verkommen könnte. Genutzt hat es nichts; die belgische Regierung boxte die Ansiedelung des Rates und den Ausbau des EU-Viertels gegen die lauten Proteste durch.

In dieser Ecke der Stadt wurde und wird regelmäßig europäische Geschichte geschrieben – und zwar nicht nur im Berlaymont-Glaspalast oder im Justus-Lipsius-Ratsgebäude gegenüber. (Seit einigen Jahren wird übrigens auch das neue Ratsgebäude „Europa" gebaut. Wann es fertig wird, traut sich niemand abzuschätzen. Offiziell wird derzeit Ende 2016 angekündigt.) Wichtige Gespräche führt man auch bei einem Feierabendbier. Ein „Kultlokal" der Politiker und Brüssel-Korrespondenten ist das Kitty (eigentlich: Kitty O'Shea's) direkt neben der Kommission. Hier werden Neuankömmlinge in die Brüsseler Szene eingeführt und Abschiede gefeiert, wenn ein Eurokrat zurück in die Heimat zieht. Sogar der eine oder andere Minister ist in diesem Lokal mit Journalisten zusammengesessen.

Thomas Mayer, seit vielen Jahren Korrespondent der österreichischen Tageszeitung „Der Standard" in Brüssel, beschreibt

Kitty O'Shea's

in seinem Buch „Frei in Europa“ (Styria 2014) einen wichtigen Abend im Kitty: die letzte Nacht der österreichischen Beitrittsverhandlungen im Jahr 1994. Die Journalisten warteten gespannt: „Es war nicht klar, ob der Außenminister gerade das bevorstehende Scheitern der Beitrittsverhandlungen angekündigt hatte (...). Einige der Journalisten setzten sich nach diesem mitternächtlichen Auftritt [Alois] Mocks noch in einem Pub nahe dem Ratsgebäude zusammen, um das eben Gehörte einzuordnen. (...) Die Zeitungen waren längst in Druck. Und am nächsten Tag, am Montag, den 28. Februar, in der Früh hieß es aus der Delegation, die Verhandlungen gingen weiter.“

Parc du Cinquantenaire: Wo die Europäer ihre Mittagspause verbringen

Inzwischen ist es sonnig geworden. Es treibt die Wahl-Brüsseler in dieser Gegend nach draußen. Sie haben neben den vielen Lokalen rund um die Institutionen einen riesigen Freiluft-Picknickplatz, den Parc du Cinquantenaire. Bevor ich mich dorthin aufmache, möchte ich mir Mittagessen besorgen. Dazu gehe ich entlang der Rue Franklin stadtauswärts: An den Preisen erkennt man, wie nahe sich die Geschäfte zum europäischen Epizentrum befinden. In direkter Nähe zur Haltestelle des Flughafenbusses, den die geldbewussteren Eurokraten wählen, reihen sich gewöhnliche Pizzerien (die trotzdem für eine Pizza Margherita zweistellige Beträge verlangen), dazwischen das noble L'Atelier, in das Kommissare und Minister gerne einladen. Es folgen ein Geschenkeshop und eine italienische Buchhandlung samt Weinbar. Ab dort kommen die „normalen" Geschäfte: arabische Nahversorger, indische Nightshops, eine kleine Bäckerei ohne Namen, wo Baguette und Croissants einen Bruchteil der Preise im EU-Viertel kosten.

Ich gehe weiter nach Süden in Richtung Park. Von der Ferne höre ich den Verkehr auf der Avenue de Cortenbergh, eine der großen Einfahrtsstraßen, die die Außenbezirke – und vor allem die Autobahn – mit dem EU-Viertel verbinden. Auf beiden Seiten schmücken Fahnen und Emblems die Häuser: Zahlreiche *Ständige Vertretungen*, wie die EU-Botschaften der einzelnen Länder offiziell heißen, sind hier angesiedelt.

Pavillon der menschlichen Leidenschaften

Zu vermieten

Ich erkenne die Vertretungen von Luxemburg und der Slowakei. Ein Stück die Straße runter befindet sich die Österreichische Botschaft.

Meine Aufmerksamkeit fällt aber auf ein schwarz-orangefarbenes Schild, das man in Brüssel überall sieht – und im Eurokraten-Viertel besonders oft: *À Louer, Te Huur, Zu vermieten.* Die wenigsten glauben, dass die Wohnungssuche in Brüssel tatsächlich noch eine recht analoge Sache ist: Die Immobilienbörsen im Internet sind selten auf dem neuesten Stand. Effektiver ist es, einen Spaziergang durch die gewünschte Wohngegend zu machen, die Aushänge zu suchen und gleich das Handy zu zücken. Ich spreche aus Erfahrung.

Eine Moschee, Ford T-Modelle und versteckte Statuen: ein Park voller Überraschungen

Ich überquere die Avenue de Cortenbergh. Nach ein paar Schritten tritt der Verkehrslärm in den Hintergrund, ich habe den Parc du Cinquantenaire erreicht. Den Triumphbogen in seiner Mitte kennt man, wenn man schon einmal in Brüssel war. Vom Haupteingang des Parks geht man schnurstracks darauf zu. Heute nähere ich mich durch einen Seiteneingang, noch ist vom Triumphbogen nichts zu sehen. Es ist friedlich hier. Eine Mutter führt ihr schlafendes Baby im Buggy spazieren. Ein Jogger überholt uns beide, der Kälte trotzend in kurzen Hosen. Er scheint auf seine Pulsuhr konzentriert, blickt nicht auf, um zu sehen, was der Park alles zu bieten hat.

Direkt an diesem Zugang liegt eine Moschee: „*Islamic and Cultural Centre of Belgium*" steht über dem Tor. Das heutige Gebäude geht auf die 1970er-Jahre zurück. Die ursprüngliche Moschee wurde aber bereits Ende des 19. Jahrhunderts errichtet und zeigte zur Weltausstellung 1897 ein beeindruckendes Kunstwerk: ein riesiges Panorama von Kairo. Das Panorama existiert noch, allerdings wird es nun in einem Museumsdepot aufbewahrt.

Direkt daneben – ausgerechnet hier, möchte man sagen, wo doch der Park so groß ist! – steht noch ein Gebäude: ein vergleichsweise kleiner, unscheinbarer Pavillon, an dem man leicht vorbeiläuft. Der „Pavillon der menschlichen Leidenschaften" aus dem Jahr 1889 stammt von Architekt Victor Horta, ist aber viel schlichter als viele seiner anderen Bauwerke. Im Innenraum befindet sich das namensgebende Relief *Les Passions Humaines* von Jef Lambeaux. Es nimmt physisch eine ganze Breitseite des Tempels ein und sorgte gegen Ende des 19. Jahrhunderts für Aufregung. Da es, neben martialischen und religiösen, auch erotische Szenen zeigte, wurde er wenige Tage nach der Eröffnung wieder geschlossen. Im 21. Jahrhundert ist man deutlich liberaler: Nach Renovierungsarbeiten in den vergangenen Jahren kann der Tempel – zu begrenzten Öffnungszeiten – wieder besichtigt werden.

Im Herzen des Parks posiert eine Gruppe Touristen, ich betrachte ihre Versuche, den „perfekten Schnappschuss“ zu bekommen, während ich mein Mittagessen genieße. Der Parc du Cinquantenaire ist natürlich ein Ziel für Touristen, der Parkplatz hinter dem Triumphbogen ist bei Reisebussen beliebt. Mehr noch aber „gehört“ der Park den Brüsselern: Auf der großen Wiese vor dem Jubelparkmuseum spielen unter der Woche Schulklassen im Turnunterricht Fußball oder Baseball. Am Wochenende bevölkern Familien den Park. Erst wenn man einige Zeit in Brüssel verbracht hat, merkt man, dass man von Montag bis Freitag wenige Kinder sieht. Die Kinderbetreuung ist in Brüssel gut ausgebaut, schon ab einem frühen Alter (drei, vier Monaten) gehen die Kinder in die *Crèche*, die Kinderkrippe. Nur Mittwochnachmittag haben diese Institutionen geschlossen – man merkt es am Andrang auf dem Spielplatz, und auch am eigens dafür geänderten Busfahrplan.

Place Jourdan

Die Stimmung im Park ist entspannt, Gelassenheit ist überhaupt eine belgische Eigenschaft, die man im Jubelpark in den wärmeren Monaten gut beobachten kann: Immer wieder finden hier Feste statt. Es gibt Konzerte, Kinderprogramm, DJs, Food Trucks und Liegestühle. Anders als in vielen anderen Großstädten muss man keinen Eintritt zahlen. Und obwohl Essen und Trinken verkauft werden, stört sich niemand daran, wenn man selbst ein (billigeres) Bier mitbringt und den Picknickkorb auspackt. Diese Haltung erlebt man ebenso in vielen Brasserien und Cafés. Es ist völlig in Ordnung, sein Croissant, das man nebenan gekauft hat, in den Kaffee zu tunken. Auf dem Place Jourdan, unweit vom Parc du Cinquantenaire, erlauben die Wirte sogar, die Pommes von der Frittenbude Maison Antoine zu konsumieren – solange man sich etwas zu trinken bestellt.

Durch die Mitte des Parks nähere ich mich dem Triumphbogen. Die wenigsten Besucher bemerken, dass die grünen Hecken in der Mitte des Parks nicht nur der Zierde dienen, sie verbergen auch, dass eine Tunnelausfahrt direkt durch die Grünoase verläuft. Im Alltagslärm fällt die stark befahrene Straße aber kaum auf. Rechts von dieser Hecke stehen einige Skulpturen, an denen Touristen desinteressiert vorbeigehen. Am schönsten ist *Der Schnitter*. Dieser hart arbeitende Gärtner stammt vom belgischen Bildhauer Constantin Meunier. In seinem ehemaligen Wohnhaus und Atelier im Stadtteil Ixelles ist heute das Musée Meunier untergebracht. Der Triumphbogen und die angrenzenden Ausstellungshallen sind auch beim dritten, vierten und zwanzigsten Besuch beeindruckend; noch immer entdecke ich Details an den Statuen oder Verzierungen, die mir vorher noch nicht aufgefallen sind. Lange Zeit bemerkte ich etwa nicht die Mosaiken in den Kolonnengängen links und rechts des Triumphbogens.

Die Entstehungsgeschichte dieser Anlage hat belgischen Charme. Die junge Republik feierte 1880 ihr 50-jähriges Bestehen mit einer riesigen Ausstellung im Park. (Der Name Parc du Cinquantenaire bedeutet so viel wie: der Park zum fünfzigjährigen Jubiläum.) Die großen Hallen wurden rechtzeitig fertig, nicht jedoch der Triumphbogen selbst. Ein Provisorium aus Holz und Leinwand musste reichen, erst 1905 wurde er – zum 75-jährigen Jubiläum Belgiens – abgeschlossen, nachdem König Leopold II. tief in die eigene Kasse gegriffen hatte.

Die meisten bestaunen die Arkaden von unten, ohne zu wissen, dass man auch den Ausblick von oben genießen kann. Der Aufgang befindet sich im Militärmuseum, das gleich auf der linken Seite liegt. Es ist etwas altbacken, bräuchte einen Facelift. Bei meinem ersten Besuch dachte ich, an der falschen Adresse zu sein: Wenig deutete darauf hin, dass es hier einen Aufzug auf den Triumphbogen gibt. Schnell fand ich aber heraus, dass man sich nach dem Drehkreuz am Eingang nur links halten muss. Nachdem man einige Waffen passiert hat, kommt man zum Aufzug. (Wer genau hinsieht, findet die unauffällige Beschilderung.) Von oben reicht der Blick bis in die grünen Außenbezirke: Auf der östlichen Seite sieht man auf die Avenue de Tervueren hinunter. Ich brauche nicht viel Fantasie, um mir vorzustellen, wie diese Allee wohl vor hundert, hundertzwanzig Jahren ausgesehen haben mag, als statt der Autos und Busse noch Kutschen fuhren und Männer mit Spazierstöcken und Zylindern spazierten. Unter mir – gegenüber vom Militärmuseum – liegen die Ausstellungshallen des Museums Autoworld. Nicht nur Liebhaber alter Fords, Chevrolets und Trabis gehen hier ein und aus: Regelmäßig ist das Automuseum Schauplatz für Events, von der Expat-Party mit 80er-Disco-Motto bis zu Businesstagungen, wo neben Vertretern großer Konzerne auch Kommissare antanzen.

Als Comics den Jugendstil retteten

Wieder unten angelangt gehe ich an der Autoworld vorbei, um den südlichen Seitenausgang des Parks zu wählen. Hier, am Rande des riesigen Erholungsgebiets, liegt – unbemerkt von den Bus-Touristen – ein wahres Jugendstil-Schmuckstück: die Maison Cauchie, sofort erkennbar an ihrer wunderschönen Fassade. Die Sgrafitti (Fassadenschmuck) sind in warmen Braun-, Beige- und Goldtönen gehalten. In der Mitte sieht man ein hufeisenförmiges Fenster, im untersten Stock geradlinige weiße Pfeiler. Das Haus ist nach Paul Cauchie benannt, einem Jugendstilmeister, der neben den großen Namen wie Horta, Hankar und Strauven häufig unbeachtet bleibt. Dabei tragen so viele Brüsseler Häuser seine Handschrift: Cauchie (1875–1952) war ein Meister der Sgrafitti. Selbstverständlich war auch er für die Fassade seines eigenen Hauses verantwortlich. Dass er hier ein Prachtstück entwarf, kommt nicht von ungefähr: Das Haus war zugleich sein Atelier. Da es an einer Straßenkreuzung liegt und für alle Vorbeikommenden gut sichtbar ist, wollte er die Außenwand als eine Art Werbefläche nützen und seine Fertigkeiten gut sichtbar präsentieren.

Heute sind die Türen im Souterrain, über die man das Museum betritt, geschlossen. Die Maison ist nur am ersten Wochenende eines jeden Monats für ein paar Stunden zugänglich, im Sommer gelegentlich auch unter der Woche. Wer sich diesen Besuch fest vornimmt, wird belohnt: Freundliche Mitarbeiter führen in das Leben und Werk des Künstlers ein – und in die Geschichte des Hauses. Fast wäre die Maison Cauchie nämlich kein Museum für den früheren Hausherrn geworden, sondern für *Tintin*, den Comichelden aus Brüssel: Guy Dessicy, ein langjähriger Mitarbeiter von *Tintin*-Erfinder Hergé, entdeckte die leer stehende Maison Cauchie bei einem Spaziergang. Er kaufte das Haus 1980 und renovierte es, nachdem der einstige Prachtbau jahrelang

La Maison Cauchie

dem Verfall preisgegeben war. Dessicy wollte hier ein *Tintin*-Museum eröffnen und hatte sogar schon die Zustimmung von Comickünstler Hergé – doch das Projekt scheiterte. Schlussendlich richtete Dessicy in der Maison Cauchie ein Museum für Sgraffiti, Jugendstil und die Familie Cauchie ein. Er selbst wurde erster Direktor des Brüsseler Comic-Museums Belgian Comicstrip Center in der Innenstadt. Ganz ging die Verbindung von Comics und Jugendstil dabei nicht verloren: Das Comic-Museum ist heute in den Magasins Waucquez untergebracht, einem ehemaligen Kaufhaus, das von Victor Horta geplant wurde. Auch dieses Schmuckstück stand in den 1970er-Jahren kurz vor dem Verfall und konnte „gerettet" werden.

Über dem Parc du Cinquantenaire ist es grau geworden. So wie ich das unbeständige Brüsseler Wetter kennengelernt habe, wird es bald Regen geben. Eigentlich wollte ich noch einen Spaziergang entlang der Avenue de Tervueren machen und mir das Viertel Merode ansehen, dessen Rue des Tongres zu einem Einkaufsbummel einlädt. Etwas weiter die große Avenue entlang liegt mein liebstes Brüsseler Kaffeehaus: das ausgefallene Leopold Café Presse – gerade so nahe, dass man vom EU-Viertel noch gut zu Fuß hingehen kann, aber schon so weit weg, dass es nicht ständig überlaufen ist. Nach einem warmen

Kaffee kann man hier Mitbringsel kaufen: Es gibt neben Schokoladencrèmes auch *Sirop de Liège* zu erstehen, ein belgischer Aufstrich mit einem enorm hohen Fruchtgehalt (meist Birnen, Äpfel, Pflaumen) und extrem langer Haltbarkeit.

Wenn Kinder Kaninchen den Fischstäbchen vorziehen

Statt eines Spaziergangs steige ich in den Bus 80 in Richtung Porte de Namur, um hinunter zum Place Jourdan zu fahren. Ich bin hier später mit Neil Evans, Autor eines belgischen Kochbuchs, verabredet.

Dass man in Brüssel gut genießen kann, hat sich schon herumgesprochen. Pralinen, Waffeln, Schokolade, Pommes – damit wird Belgien schnell in Verbindung gebracht. Aber mit der tatsächlich belgischen Küche können die wenigsten etwas anfangen. Muscheln fallen manchen gerade noch ein, andere tippen auf „etwas mit Biersoße“. Gemeinsam mit seiner Kollegin Anna Jenkinson hat Neil eines der wenigen Kochbücher über die belgische Küche geschrieben, das nicht auf Flämisch oder Französisch verfasst ist: *What's Cooking in Belgium (Luster, 2016).* Ziel der beiden Autoren war es, die belgische Küche von den Schoko-Bier-Pommes-Stereotypen zu befreien. „Die Recherche war keineswegs einfach“, sagt Neil, nachdem er sich zu mir in die Brasserie Chez Bernard gesetzt und sein Bier bestellt hat. Wo fängt man an? Was wählt man aus? Etliche Monate haben die beiden Autoren in Archiven verbracht, alte Rezepte miteinander verglichen, nachgekocht und abgestimmt – und sich natürlich auch am Wissen von Neils Großmutter bedient. Sie reisten von der Küste im Osten bis in die Ardennen im Westen des Landes und interviewten Köche in Brüssel, Flandern und der Wallonie. „Belgien ist nicht groß, natürlich wird die Küche da stark von den Nachbarländern beeinflusst“, erklärt Neil. Die Geschichte hat ebenso zur heutigen Fusionsküche beigetragen, schließlich wurden die Belgier vor ihrer Unabhängigkeit im Jahr 1830 von den Franzosen, den Spaniern, den Österreichern und Niederländern regiert. Neil nimmt einen Schluck Bier, blättert durch das Buch, bleibt an einem Hering-Rezept hängen. „Das ist wohl eines meiner Lieblingsgerichte“, sagt er und erinnert sich an einen Ausflug ans Meer. Hering ist in Brüssel nicht überall zu bekommen. Neil besorgt ihn beim Fischhändler La Mer du Nord nahe dem Place Sainte-Catherine. Wir schwärmen eine Weile über diese *Poissonnerie*, bei der man auch einen kleinen Snack zwischendurch an einem der Stehtische genießen und dabei das Flair des Sainte-Catherine-Viertels aufsaugen kann. Inzwischen haben die Betreiber sogar ein Geschäft im EU-Viertel aufgemacht, nur ein paar Schritte entfernt von dem Place du Luxembourg vor dem Europäischen Parlament. Wenn sich dieser jeden Donnerstagabend in eine Freiluft-After-Work-Clubbing-Zone verwandelt (sogar die Busse werden umgeleitet), ist ein Fischhappen eine gute Unterlage.

Etwas weiter hinten im Buch, zwischen Lachs in Weißbiersud und eingelegtem Gemüse, schlägt Neil das Rezept für Kaninchen in Biersoße mit Dörrpflaumen und Chicorée auf. Kaninchen ist auf belgischen Speisekarten deutlich häufiger zu finden als auf deutschsprachigen. Selbst in Kantinen, Schulen und Krankenhäusern wird regelmäßig *Lapin aux pruneaux avec witloof* zum Mittagessen serviert. Naserümpfen, weil man ein süßes Häschen isst, gibt es hier nicht – Hase ist gewöhnliches Fleisch, genauso wie Rind, Schwein und Lamm auch. „Vor allem die Kinder in meinem Bekanntenkreis lieben dieses Gericht“, sagt Neil. Man müsse ihnen lediglich das Fleisch von den Knochen lösen. Auch mir ist bereits aufgefallen, dass die Belgier, ähnlich wie ihre französischen Nachbarn, ihre Kinder zur kulinarischen Experimentierfreudigkeit erziehen.

(Wenngleich die Franzosen noch größere Feinschmecker sind.) Kinderteller wie Chicken Nuggets mit Pommes oder Spaghetti mit fader Tomatensoße sind in den hiesigen Restaurants selten. Stattdessen sieht man immer wieder Schulkinder, die sich über einen dampfenden Topf Muscheln hermachen oder die nach noch einer Portion *Filet Americain*, das belgische Äquivalent zum französischen Tatar (rohes, faschiertes Fleisch), verlangen. Manchmal wollen sie sogar die Variante mit rohem Ei darauf. *Filet Americain* ist in Neils und Annas Kochbuch nicht zu finden. Sie haben es ausgelassen in der Vorahnung, dass viele ihrer Leser Scheu haben könnten, rohes Fleisch und rohes Ei zu essen. Ich selbst gebe Neil gegenüber zu, dass ich die Speise bislang gemieden habe – aus Angst, mir den Magen zu verderben. Ich führe es mitunter auf meine nicht-belgische Erziehung zurück. Die Belgier – wie auch die Franzosen – wachsen ohne diese Bedenken auf. „Wenn es so gefährlich wäre, müsste halb Brüssel in diesem Moment eine Magenverstimmung haben und über der Toilette hängen", sagt Neil. Aber natürlich sollte man das rohe Gericht nur in einem Lokal seines Vertrauens essen, dort, wo viele Kunden sind und das Fleisch daher auch garantiert frisch ist. Das kann übrigens auch im Supermarkt sein: Beim *Carrefour*-Markt nebenan stehen die Arbeiter und Schüler täglich Schlange, um sich ein Baguette mit rohem Fleisch füllen zu lassen. Ich frage Neil nach seiner Lokalempfehlung. „Mir schmeckt es gut bei À la Mort Subite in der Innenstadt", sagt er. Man kennt das Lokal wegen seines ausgefallenen Namens „Zum plötzlichen Tod" (benannt nach einem Würfelspiel, das früher hier an der Bar gespielt wurde) und seiner eigenen *Gueuze*-Marke (die allerdings außerhalb von Brüssel gebraut wird und inzwischen zu *Heineken* gehört). Die Touristen kommen meist bloß zum Trinken dorthin. Ich werde künftig zum Essen dort sein.

Orte zum Einkehren

Sabores de España
Rue Archimède 66
Tel.: +32 473 93 58 34
Mo–Sa: 10–19 Uhr

Kitty O'Shea's
Boulevard Charlemagne 42
Tel.: +32 2 280 27 33
Täglich 12–1 Uhr
www.kittyosheas.com/kitty_brussels.asp

Stonemanor Everberg
Steenhofstraat 28
3078 Kortenberg
Tel.: +32 2 759 49 79
Di, Mi, Sa: 9–19 Uhr,
Do, Fr: 9–20 Uhr, So: 9–16 Uhr
www.stonemanor.uk.com

Leopold Café Presse
Avenue de Tervueren 107
Tel.: +32 2 736 22 98
Mo–Fr: 7–19 Uhr,
Sa, So: 8–18 Uhr
www.leopold-cafe-presse.be

Orte zum Vertiefen

La Maison Cauchie

Horta-Lambeaux Pavillon / Pavillon des Passions Humaines
Parc du Cinquantenaire
Während der Sommermonate geöffnet, Infos und Karten im Cinquantenaire-Museum
Mi: 14–16 Uhr,
Sa, So: 14–16.45 Uhr
www.kmkg-mrah.be/horta-lambeaux-pavilion

Musée Royal de l'Armée
Parc du Cinquantenaire 3
Tel.: +32 2 737 78 11
Di–So: 9–17 Uhr
www.museedelarmee.be

La Maison Cauchie
Rue des Francs 5
Tel.: +32 2 733 86 84
Erstes Wochenende im Monat:
Sa und So: 10–13 Uhr
und 14–17.30 Uhr
www.cauchie.be

Musée Meunier
Rue de l'Abbaye 59
Tel.: +32 2 648 44 49
Di–Fr: 10–12 und 13–17 Uhr
www.fine-arts-museum.be/fr/les-musees/musee-meunier-museum

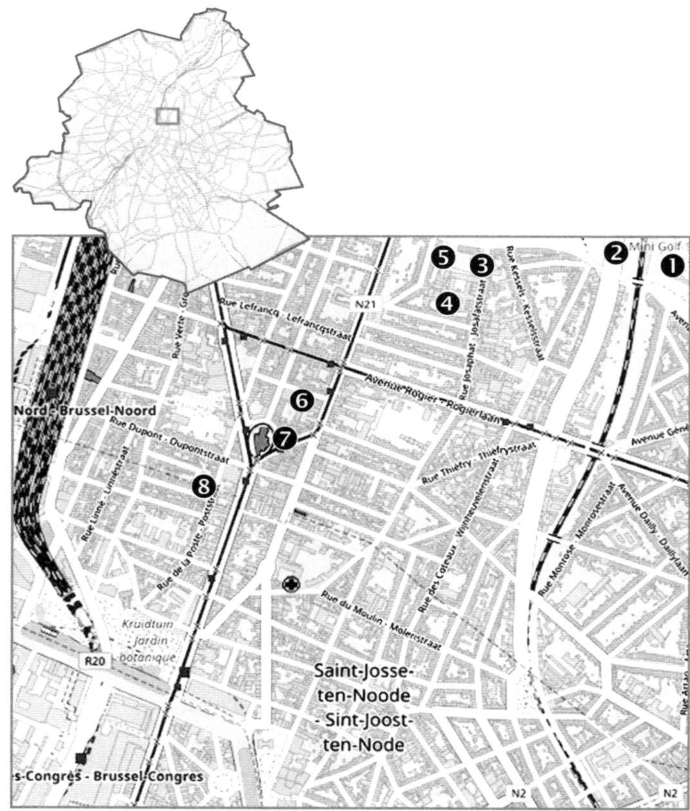

1 *Parc Josaphat*
2 *Avenue Louis Bertrand*
3 *Les Trouvailles de Louise*
4 *Ecole Fondamentale Communale N°1*
5 *Biermuseum*
6 *Maison des Arts*
7 *Lale Pizza*
8 *De Ultieme Hallucinatie*

Schaerbeek

Unterschätzter Stadtteil mit vielen Schmuckstücken

Günstige Wohnungen in verfallenen Jugendstilbauten

Mein frühlingshafter Vormittag beginnt im Parc Josaphat im Stadtteil Schaerbeek. Ich liebe diesen Park, weil er, obwohl er in dieser dicht besiedelten *Commune* als ein beliebtes Freizeitziel gilt, mit seinen 20 Hektar groß genug ist, um sich ohne Probleme ein ruhiges Plätzchen sichern zu können. Wie so viele andere Prachtstücke in Brüssel geht auch dieses auf die Herrschaft von Leopold II. zu Beginn des 20. Jahrhunderts zurück. Der belgische König eröffnete den Park – einst Teil eines weitläufigen Waldgebiets – im Jahr 1904. Ich spaziere am Teich entlang, über Brücken und vorbei an kleinen Skulpturen und vergesse für einen Augenblick, dass ich mich inmitten einer Großstadt befinde – und zwar in einem der weniger begehrten Bezirke.

Unterhält man sich mit Brüsselern über Schaerbeek, bekommt man als Reaktion meist ein vermeintlich wissendes Nicken, gefolgt von einem eher abwertenden „Aha". Selten erlebt man Begeisterung und bewunderndes Staunen, Reaktionen, wie man sie andererseits erlebt, wenn man etwa sagt, dass man in der Nähe der schönen Flagey-Teiche im studentischen Stadtteil Ixelles (Seite 147 ff.) unterwegsist oder im gehobenen Chatelain-Viertel, das die Expats für sich eingenommen haben.

Avenue Louis Bertrand

Schaerbeek ist eine *Commune*, die vor allem von ihren multikulturellen Bewohnern geprägt wird: Türken, Bulgaren, Polen, Rumänen und viele andere Nationalitäten wohnen hier. Wer sich Zeit nimmt, die Aushänge der Brüsseler Maklerbüros zu vergleichen, wird schnell feststellen, dass das Wohnen in Schaerbeek sowie im angrenzenden Viertel Saint-Josse-ten-Noode deutlich günstiger ist als in anderen Regionen der Stadt.

Doch denen, die sich vorschnell eine Meinung zu Schaerbeek bilden – und gar nicht erst hinfahren –, entgehen ein besonderes Flair und zahlreiche historische Schätze.

Nach ein paar Minuten auf der Sonnenbank mache ich mich auf den Weg, um den Rest des Bezirks zu erkunden. Ich verlasse den Park durch den westlichen Ausgang, der leicht an einer belgischen Bausünde zu erkennen ist: Der Wohnturm Brusilia aus den frühen 1970er-Jahren erhebt sich direkt hinter den Bäumen. Mit 35 Stockwerken ist es eines der höchsten Gebäude der Stadt. Fast wären zur Zeit der Entstehung noch zwei weitere Hochhäuser entstanden, die gemeinsam einen Ring gebildet hätten.

Die Wohnhäuser, die in der Avenue Louis Bertrand stehen, haben deutlich mehr Charme – und mehr Geschichte. Ein

Jugendstil-Juwel reiht sich hier an das nächste, sodass man sich leicht vorstellen kann, wie prächtig der Boulevard vor hundert Jahren gewesen sein muss. Heute irritiert es etwas, wenn eine Mutter mit Kopftuch, drei kleinen Kindern und einer Tragetasche gefüllt mit türkischem Fladenbrot auf einen Hauseingang zusteuert. Die Bourgeoisie hat längst die wunderschönen Gebäude verlassen, die mit kunstvollen Sgraffiti verzierten Fassaden sind aber geblieben.

Einige der Häuser wurden vom Brüsseler Architekten Gustave Strauven (siehe Seite 87) entworfen. Vor allem das Haus Nr. 43 ist charakteristisch für sein Schaffen: eine Fassade in weißem Glasurstein, Umrahmungen in belgischem Granit und viele Blumenmotive. Auch die simpler gehaltenen Wohngebäude auf der anderen Straßenseite (Nr. 53–61 und 65) gehen auf ihn zurück. In den Erdgeschoßen gibt es ein paar Restaurants. *Plats du jour*, Tagesgerichte, werden angeboten. Noch ist es still: Es ist zu früh für das Mittagessen. Eher ist es Zeit für ein Stück Kuchen.

Die Rue Josaphat, eine Einbahnstraße, die vom großen Boulevard abgeht, ist eine herkömmliche Wohnstraße. Backsteinhäuser mit Jugendstilmotiven reihen sich neben weniger charmanten Neubauten, kleine Geschäftslokale wechseln sich mit Erdgeschoßwohnungen ab. Ein Mann lehnt sich aus dem Fenster und raucht, eine Frau sucht in einem kleinen türkischen Supermarkt Tomaten aus. Wenig deutet darauf hin, dass sich in dieser Straße ein kleiner, feiner Teesalon befindet, der sich in anderen Stadtteilen vor Expat-Müttern mit schicken Kinderwägen kaum retten könnte. Englische Marmeladen, *Shortbread*-Kekse und Teedosen stehen bei Les Trouvailles de Louise in den altmodischen Regalen, unter gläsernen Kuchenglocken locken Muffins und Kuchenstücke. Das Beste aber: Das Lokal ist, weil noch ein Geheimtipp, meistens ruhig. Anders als der Name „Les Trouvailles de Louise“ (Louises

Fundstücke) vermuten lässt, wird dieses kleine Café nicht von einer Louise geführt, sondern von Astrid und ihrer Mutter Patricia. Louise war die Vorbesitzerin. Der Name des Lokals war einfach zu schön, um ihn zu ändern, findet Gastronomin Astrid. Neben hausgemachten Kuchen gibt es kleine Mittagsgerichte – Quiches und Sandwiches – und auch Frühstück. Langsam spricht es sich herum, dass es in dieser Schaerbeeker Seitengasse eine gemütliche *Épicerie Fine*, ein Feinkostgeschäft, gibt. Besonders an den Wochenenden pilgern neugierige Hungrige hierher, wenn Astrid und Patricia zum Brunch einladen. Am ersten Sonntag im Monat wird sogar ein Buffet mit Köstlichkeiten – zum Beispiel Käse aus der Region und Honig frisch vom Imker – aufgestellt. Viele der Spezialitäten gibt es auch zum Kauf im kleinen Geschäft, für alle, die das etwas andere Mitbringsel aus Brüssel suchen.

École Fondamentale Communale n° 1: die schönste Schule der Stadt

Bei meinen ersten Besuchen in der Rue Josaphat ist mir das kleine Café Les Trouvailles de Louise gar nicht aufgefallen. Zu abgelenkt war ich von dem riesigen Gebäude, das schräg gegenüberliegt: eine bauchige Fassade mit abgerundeter Fensterfront, über der Tür der große Schriftzug „*Gymnase*". Zunächst hatte ich das Haus – wegen eines Übersetzungsfehlers meinerseits – für ein Gymnasium gehalten und vergessen, dass die Franzosen und Belgier ihr Gymnasium als *Lycée* bezeichnen. In diesem gewölbten Bau ist ein Turnsaal untergebracht, der zur Schule ein paar Türen weiter gehört.

Die École Fondamentale Communale n°1 gilt als eine der schönsten Schulen der Stadt. Sie wurde im Jahr 1907 vom Jugendstilarchitekten Henri Jacobs gebaut. Er wurde 1864 im

Die schönste Schule der Stadt

Nachbarbezirk Saint-Josse-ten-Noode geboren und trat 1883 in die Brüsseler Königliche Akademie der Schönen Künste ein. Jacobs ist vor allem für seine öffentlichen Gebäude bekannt, er gestaltete zahlreiche Schulen und Sozialwohnungen.

Die schwere Pforte der Schule ist während des Unterrichts geschlossen. Direktor Dirk Orbaen öffnet sie für mich – er hat sich bereit erklärt, mir die Schule von innen zu zeigen. Schon der Eingangsbereich zum Sekretariat ist beeindruckend: Kunstvolle Sgraffiti zieren die oberen Wände. Gerade ist noch Pause. Im ersten Moment bin ich vom lauten Kinderstimmengewirr überfordert, ich habe nicht damit gerechnet, dass der Schulhof überdacht und mitten im Schulgebäude sein würde. Es ist ein Geniestreich des Architekten, der die riesige Aula als Aufenthaltsbereich gestaltete. „Leider hat er dabei die Heizkosten nicht bedacht", scherzt Schuldirektor Orbaen und erklärt mir den Aufbau der Schule. „Wir sind eine École Primaire und eine École Maternelle", sagt er. Das ist in etwa vergleichbar mit Grundschule und Kindergarten im deutschsprachigen Raum. Insgesamt 450 Kinder zwischen 2,5 und 12 Jahren gehen in diesem denkmalgeschützten Gebäude zur Schule, verteilt auf 23 Klassen. Im obersten Stockwerk ist noch eine Berufsschule untergebracht, die aber nicht unter Dirk Orbaens Obhut steht.

Ich blicke nach oben und sehe mir die Galerie mit den verzierten Balustraden an. Ein paar Schüler laufen noch schnell in ihre Klassenräume. Es ist nicht zu übersehen, dass die Kinder hier die Bevölkerung des Stadtteils widerspiegeln. „Wir unterrichten 36 unterschiedliche Nationalitäten", sagt Orbaen. Türken, Rumänen, Bulgaren, Marokkaner und auch Portugiesen sind darunter. Dieser bunte Mix an Schülern stellt für die Schuladministration eine Herausforderung dar. Einige der Lehrkräfte haben selbst türkischen oder marokkanischen Hintergrund und können helfen, die Kommunikation zwischen Schule und Eltern zu vereinfachen. Wie in so vielen Migrantenvierteln in Großstädten sprechen manche Eltern nicht die Landessprache, also in diesem Fall weder Französisch noch Flämisch. (Anmerkung: Diese Schule ist frankofon.) Man bemüht sich, die Eltern bei der Alphabetisierung und dem Sprachenerwerb zu unterstützen.

Von oben haben wir einen genaueren Blick auf die wunderschönen gusseisernen Balustraden und Deckenbalken, die die Aula schmücken. Orbaen führt mich in ein großes straßenseitiges Zimmer. Der Sitzungssaal ist unaufgeräumt. „Wir nützen den

Im Inneren der Schule

Raum hauptsächlich für die Französischkurse der Eltern." Wieder einmal hat der Architekt mehr auf die Optik als auf die Praktikabilität geachtet: Lichtdurchflutet bedeutet leider auch unerträgliche Hitze im Sommer. Einst war dieser Raum eine Bibliothek, auf dem Boden sieht man noch, wo die Regale und Pulte montiert waren. Heute stehen nur zwei winzige Vitrinen an jedem Ende. Orbaen holt ein paar Bücher heraus: Chroniken und Bildbände, auf denen das alte Schaerbeek zu sehen ist. Er zeigt mir ein Foto der Avenue Louis Bertrand, als hier noch nicht Haus an Haus stand. Große, schwarze Autos der 1920er-Jahre parken am Straßenrand. Danach folgt ein Bild von einem Schwimmbad.

„Es befand sich bei uns in der Schule", sagt Orbaen. „Ich bin selbst als Teenager hier geschwommen." Der Schuldirektor führt mich durch einen Gang zu den Turnsälen – dem früheren Standort des Schwimmbads. Erst jetzt erkenne ich, dass wir uns hinter der beeindruckenden Fassade mit der Aufschrift „*Gymnase*" befinden. Turnmatten, Balken, Trampoline, Springböcke – alles sieht wie in einem gewöhnlichen Turnsaal aus, mit dem einzigen Unterschied, dass die Wände aus unverputztem Stein sind. Hinter den Gymnastikmatten und den sich stapelnden Minitrampolinen zieht Orbaen eine Tür auf: Sie klemmt zunächst, da sie nur selten geöffnet wird. Dahinter liegt ein vernachlässigter, kalter und düsterer Turnsaal. Unvorstellbar, dass hier einst ein Schwimmbad war und die Schüler unter Aufsicht strenger Lehrer planschten. Orbaen kann sich gut erinnern. Er hat im Lauf der Jahrzehnte beobachtet, wie sich die Schule, aber auch das gesamte Viertel geändert hat.

„Heute spielt sich in Schaerbeek viel mehr auf der Straße ab", sagt er. Viele der Bewohner des Bezirks kommen aus südlichen Ländern, wo dies üblicher ist als in Brüssel.

Direktor Orbaen hat einen Termin mit zwei Müttern und begleitet mich wieder zum Ausgang. Beim Verlassen der Schule komme ich bei einem kleinen türkischen Café vorbei. Auf einem Klappstuhl sitzt ein älterer Mann, ruft einem anderen auf der gegenüberliegenden Straßenseite zu. Er spuckt Wassermelonenkerne auf die Straße.

Eine Zeitreise ins Bierparadies

Zurück auf der Avenue Louis Bertrand steuere ich ein breites Tor an, das zwischen den vielen prächtigen Jugendstil-Gebäuden geradezu fehl am Platz wirkt. Hinter einem kleinen Garten liegt das Schaerbeek Biermuseum, ein Paradies für Bierliebhaber – und meiner Meinung nach das beste Biermuseum der Stadt, da es authentisch ist und von leidenschaftlichen, einheimischen Biertrinkern geführt wird.

Der Eingang ist mit *Jupiler*-Laternen und Bierfässern geschmückt. Zwei Männer in großen Schürzen begrüßen mich. Sie kommen aus dem Schankraum, einer großen Halle, in der zahlreiche Tische stehen. Ich erkenne Männer, die Karten spielen – und natürlich auch Bier trinken. Sie sind Mitglieder des Vereins *Schaerbeek Beer Museum Association*, der im Jahr 1994 das Biermuseum ins Leben rief.

Ich bezahle meinen Eintritt, die beiden Männer lassen mich frei herumstreunen. Eine Reihenfolge, in der man die vielen Ausstellungsobjekte bestaunen soll, gibt es nicht. Man lässt sich treiben. Zwei Wände des rechten Raums sind mit Flaschen ausgekleidet: Biersorten, die längst nicht mehr gebraut werden, stehen neben den aktuellen Lieblingsbieren der Belgier. Die anfängliche Kollektion des Vereins von 300 Flaschen ist über die Jahre auf weit über 1000 gewachsen. Doch nicht nur Flaschen, Etiketten und Biergläser machen das Sammelsurium aus: Weiter hinten sind Maschinen und Schilder ausgestellt, sogar ein Estaminet – eine typische belgische Kneipe – aus dem frühen 20. Jahrhundert hat der Verein

Im Biermuseum

nachgebaut. In diesen Einrichtungen traf (und trifft man sich noch heute) an der nächsten Straßenecke zum Kartenspielen, zum Meckern, zum Philosophieren. Früher stand in der Mitte ein großer Holztisch, der den besonderen Gästen – dem Bürgermeister, dem Arzt, dem Notar – als Stammtisch vorbehalten war. Rundherum versammelten sich die „normalen" Gäste an kleineren Tischen, um ein *Kriek*, *Gueuze* oder *Lambic* zu trinken. In der Vergangenheit aß man *Bloedpanch* (Blutwurst) und *Caricoles* (Schnecken), um das Bier aufzusaugen, heute gibt es oft nur Chips und Erdnüsse.

Die beiden Schaufensterpuppen an der Bar wirken etwas in die Jahre gekommen, aber gerade diese Verstaubtheit verleiht dem Museum seinen besonderen Charme.

Nach der Besichtigung krame ich meine kleine Papiermarke hervor, die ich zu Beginn erhalten habe. Im (ohnehin niedrigen) Eintrittspreis ist auch ein Glas Bier inbegriffen. Während im Biermuseum auf dem Grand Place die Biere großer Brauereien ausgeschenkt werden, gibt es hier einen seltenen Tropfen: *La Schaerbeekoise* – das hauseigene Bier des Vereins mit einem munteren Esel auf dem Logo.

(Übrigens: Der Verein bereichert nicht nur die Biervielfalt.

Er sieht es auch als seine Aufgabe, den *Manneken Pis* für Bier zu begeistern: Seit Mitte der 1990er-Jahre hat der pinkelnde Junge auch ein Schaerbeek-Biermuseum-Kostüm!)

Ich bin inzwischen geübt im belgischen Biertrinken und weiß, dass man ein belgisches Bier mit Vorsicht genießt – oder zumindest vorher einen Blick auf die Angabe des Alkoholgehaltes wirft. Acht, neun, zehn oder mehr Prozent kann ein belgisches Bier schon haben und somit schnell zu Kopf steigen. Ich trinke mein Bier langsam und beobachte dabei, wie sich der Vereinstreff füllt: Manche Männer haben *Tupperware*-Dosen mit vorgekochtem Essen von Zuhause mitgebracht.

Verborgene Schätze auf der Chaussée de Haecht

Ich verlasse das Museum durch den kleinen Vorgarten. Am westlichen Ende der Avenue erhebt sich die Schaerbeeker Kirche Saint-Servais, erkennbar an ihrem einzelnen spitzen Turm. Von hier aus führt die Chaussée de Haecht nach Süden in Richtung Innenstadt. Zugegeben sie zählt nicht zu Brüssels schönsten Flaniermeilen, viel eher gilt sie als Lebensader dieses multikulturellen Bezirks. Umso überraschender ist es, dass hier ein weiteres sehenswertes Museum steht: die Maison Autrique. In diesem von außen schon bemerkenswerten Gebäude geht es nicht um Bier, sondern um Architektur. Das Haus wurde von Brüssels wohl prominentestem Jugendstilarchitekten Victor Horta entworfen. Er gestaltete es für seinen Freund Eugène Autrique im Jahr 1893. Es zählt zu den Frühwerken des renommierten Künstlers. Wer sich schon etwas mit dem Brüsseler Jugendstil beschäftigt hat, erkennt schnell, dass das Gebäude weniger üppig und verschnörkelt ist als andere Bauten, die Horta gestaltete.

Für eine kurze Zeit hat das Museum in der Maison Autrique geschlossen, ab Jänner 2017 soll es wieder für die Öffentlichkeit zugänglich sein. Es ist eine gute Alternative zum – von Touristen überlaufenen – Horta Museum (Victor Hortas Atelier und Wohnhaus) im Stadtviertel Saint-Gilles.

Im Inneren gibt es typisches Jugendstilinterieur zu sehen: lichtdurchflutete Salons, geschwungene Lampen und Holzverzierungen. Zudem finden auch regelmäßige Sonderausstellungen statt, die mal mehr, mal weniger mit Jugendstil zu tun haben, immer aber in dieses Interieur integriert werden. Zuletzt wurde Spielzeug aus dem Zweiten Weltkrieg ausgestellt und das Thema Dichtkunst behandelt.

Ich setze meinen Spaziergang stadteinwärts fort. Sowohl die Chaussée de Haecht wie auch die parallel gelegene Rue Royale Sainte-Marie führen in die Stadt. An einem Freitag würde ich die letztgenannte Straße wählen, denn dann findet hier vormittags ein farbenfroher Wochenmarkt statt. Die Anrainer schieben sich mit ihren Shoppingtrolleys durch das Gedränge. Das Lebensmittelangebot auf diesem Markt ist begrenzt,

Markt in der Rue Royale Sainte-Marie

Maison des Arts

stattdessen kann man hier geradezu alles an Bekleidung (vom billigen Pyjama bis hin zu synthetischen Spitzenunterhosen) und Haushaltsgegenständen (Schwämme im 20er-Pack und Plastikkochlöffel) aufspüren. Auch an jedem anderen Wochentag lohnt sich ein kurzer Abstecher auf diese Parallelstraße: Man hat einen wunderbaren Blick auf das Schaerbeeker Rathaus im Norden und die Kirche Sainte-Marie im Süden.

Heute bleibe ich in der Chaussée de Haecht, um einen kleinen Zwischenstopp im friedlichen Garten des Schaerbeeker „Haus der Kunst" einzulegen. Das Gebäude – hinter einem tunnelartigen Durchgang gelegen – sticht vor allem wegen seines neoklassizistischen Baustils hervor. Es geht auf eine größere Schlossanlage aus dem frühen 19. Jahrhundert zurück. Seit den 1950er-Jahren ist die Villa im Besitz der Gemeinde Schaerbeek, heute werden hier regelmäßig Konferenzen und Konzerte abgehalten. Im Hof steht das winzige Lokal L'Estaminet, das unter der Woche gesunde Mittagsgerichte serviert. Im Sommer werden auf der Wiese hinter dem Schloss sogar Freiluftkonzerte veranstaltet – und man kann das Essen aus dem Restaurant ins Grüne mitnehmen.

Je weiter man stadteinwärts spaziert, desto belebter und bunter wird die Chaussée de Haecht. Türkische Bäckereien wechseln sich mit orientalischen Pizzerien ab, dazwischen gibt es den einen oder anderen Handyshop, Fischhändler und ein paar Halāl-Metzgereien.

An der Nr. 129 befindet sich mein Lieblingslokal in dieser Straße: Lale Pizzeria ist zwar nicht der richtige Ort für ein erstes Date oder ein romantisches Dinner, aber es ist mit Sicherheit eine gute Wahl für Hungrige und Abenteuerlustige. Hausspezialität sind *Pide*, in Brüssel oftmals einfach „Türkische Pizza" genannt. Der Hauptunterschied zur herkömmlichen Pizza ist die Form: Diese längliche Speise (mancherorts über einen Meter) wird auf einem Holzbrett serviert. Als Belag ist Hackfleisch beliebt, mit oder ohne scharfen Gewürzen. Natürlich gibt es auch vegetarische Varianten. Wer viele Sorten ausprobieren möchte, bestellt verschiedene Halb-*Pide* und teilt sie in der Runde. Die Einheimischen trinken *Ayran*, einen türkischen Joghurtdrink, und zum Abschluss Tee. Alkohol sucht man hier vergebens. Als Vorspeise werden knuspriges Fladenbrot und gemischter Salat aufs Haus gereicht, wer nach einem oder mehreren *Pide* noch Platz hat, kann klebrig-süßes *Baklava* bestellen. Zugegeben, eine Pause hier mag nicht typisch belgisch sein, aber das Erlebnis ist doch charakteristisch für den multikulturellen Schmelztiegel Brüssel. *Pide* gibt es hier übrigens sowohl mittags als auch abends – allerdings ist das Lokal während des Ramadan-Monats nach Sonnenuntergang für die hungrigen Gläubigen reserviert.

Kunst und Kleinbusse in Saint-Josse-ten-Noode

Satt und glücklich schlendere ich an der imposanten Kuppelkirche Sainte-Marie vorbei in die Rue Royale, die, wie der Name bereits verrät, bis zum Königspalast auf dem Kunstberg (siehe Seite 31) führt. Wir sind nun schon im Stadtteil Saint-Josse-ten-Noode. Auf der rechten Straßenseite befindet sich ein Restaurant, das leider nur noch abends geöffnet hat. Es lohnt sich dennoch, einen Augenblick vor dem Gebäude stehen zu bleiben. Das Lokal De Ultieme Hallucinatie bietet nämlich nicht nur einen Gaumen-, sondern auch einen Augenschmaus. Wieder einmal handelt es sich um ein Prachtbeispiel der Jugendstilarchitektur. Ursprünglich diente dieses Gebäude als Villa der Familie Cohn-Donnay und wurde Mitte des 19. Jahrhunderts im neoklassizistischen Stil errichtet. 1904 beauftragte der Besitzer den Brüsseler Architekten Paul Hamesse damit, das Haus dem Jugendstil entsprechend zu adaptieren. Heute ist das Restaurant auf mehrere Räume aufgeteilt, die alle ihren eigenen Charakter haben. So besticht der mittlere Raum etwa durch seine geraden und gläsernen Elemente, die vom schottischen Architekten Charles Rennie Mackintosh inspiriert sind. Ein anderer Raum wiederum ist mit ehemaligen Zugmöbeln eingerichtet: Diese wurden einst vom Architekten Henry van de Velde für die belgische Eisenbahn entworfen.

Ich gehe weiter die breite Straße hinunter, bis ein Waffelwagen in der Auslage meine Aufmerksamkeit fesselt: Normalerweise stehen diese Kleinbusse in Parks oder an belebten Straßenkreuzungen und kündigen

De Ultieme Hallucinatie

Le Botanique

sich mit einem herrlich intensiven Duft an. Dieser Waffelwagen aber ist Zierde – einer von vielen Hinguckern im einzigartigen Arthôtel BLOOM!. Die Hotelleitung arbeitete bei der Gestaltung des Hauses mit Kunststudenten aus ganz Europa sowie mit Street-Art-Künstlern zusammen. Jedes Zimmer ist mit einem einzigartigen Fresko geschmückt. Seit 2015 gibt es sogar ein Artist-in-Residence-Programm. Im neunten Stock des Hotels – wo einst Ronald Reagan und Michael Jackson übernachteten – sind heute Ateliers und Ausstellungsräumlichkeiten.

Die Sonne war kurz hinter den Wolken verschwunden und kommt nun wieder hervor. Ich werde meinen Spaziergang auf einer Bank im Botanischen Garten beenden. Dieser Park ist eine Grünoase gleich neben dem Business-District der Innenstadt. Einziger Störfaktor ist die viel befahrene Durchzugsstraße am südlichen Ende des Parks. Der Garten wird durch geometrische Formen gegliedert, wobei das riesige Gebäude mit der Glasfront und -kuppel dominiert. Wer hier eine Orangerie vermutet, irrt. Zwar war an dieser Stelle einst der Brüsseler Botanische Garten beheimatet, allerdings wurde dieser rund um den Zweiten Weltkrieg vor die Tore der Stadt verlagert. Botaniker und Pflanzenliebhaber werden daher mehr

Freude im Ort Meise im Norden Brüssels haben. In einem weitläufigen Park mit einem kleinen Schloss und zahlreichen Gewächshäusern wachsen dort über 18.000 Pflanzensorten. Heute lockt die innerstädtische Adresse Le Botanique eher Musik- als Pflanzenfreunde an. Seit 1984 ist dieser Ort ein wichtiges kulturelles Zentrum. Jährlich finden hier knapp 300 Konzerte statt, auch Kunst – vor allem Fotografie – wird regelmäßig zur Schau gestellt.

Rezept

ASTRIDS UND PATRICIAS PEKANNUSSTARTE

1 Pkg. Mürbteig
200 g gestiftelte Pekannüsse
40 g Karamelltoffees (idealerweise belgische *Caramels au beurre salé*)
100 ml Milch
50 g Butter
4 Eier
150 g Kristallzucker

Den Backofen auf 180°C (Umluft) vorheizen. Den Mürbteig in einer Tarteform auslegen. Karamellbonbons und Butter in einem Topf zusammen schmelzen lassen. Zu einer glatten Masse verrühren. In einer Rührschüssel die Eier mit dem Zucker verquirlen, dann die Butterkaramellmasse hinzugießen sowie den Großteil der Pekannüsse hinzufügen. Gut durchmischen und gleichmäßig auf dem Mürbteig verteilen. Danach mit den restlichen Nüssen verzieren und 40 Minuten backen.

Bon appétit!

Orte zum Einkehren

Lale Pizzeria

Les Trouvailles de Louise
Rue Josaphat 290
Tel.: +32 475 83 44 41
Mo–Fr: 9–15 Uhr, Sa, So: 9–17 Uhr
www.lestrouvailessdelouise.be
www.facebook.com/lestrouvaillesdelouise

Lale Pizzeria
Chaussée de Haecht 129
Tel.: +32 2 217 47 82
Mo–So: 9–23 Uhr
www.lalepide.be

L'Estaminet
Chaussée de Haecht 147
Tel.: +32 498 59 72 27
Mo–Fr: 12–15 Uhr
www.lestami.net
www.facebook.com/lestaminetbruxelles

De Ultieme Hallucinatie
Rue Royale 316
Tel.: +32 2 217 06 14
Mo–Fr: 11–23 Uhr
Sa: 18–23:30
www.ultieme.be

Orte zum Vertiefen

Schaerbeek Biermuseum
Avenue Louis Bertrand 33–35
Tel.: +32 470 81 43 00
Mi, Sa: 14–18 Uhr
www.museeschaerbeekois delabiere.be

La Maison Autrique
Chaussée de Haecht 266
Tel.: +32 2 215 66 00
Mi–So: 12–18 Uhr
www.autrique.be

Maison des Arts Schaerbeek
Chaussée de Haecht 147
Tel.: +32 2 240 34 99
Mo–Fr: 8:30–17 Uhr
Führungen durch das Gebäude finden einmal pro Monat auf Französisch statt.
www.1030culture.be

Le Botanique
Rue Royale 236
Tel.: +32 2 218 37 32
Für Veranstaltungen siehe www.botanique.be

Hotel Bloom
Rue Royale 250
Tel.: +32 2 220 66 11
www.hotelbloom.com

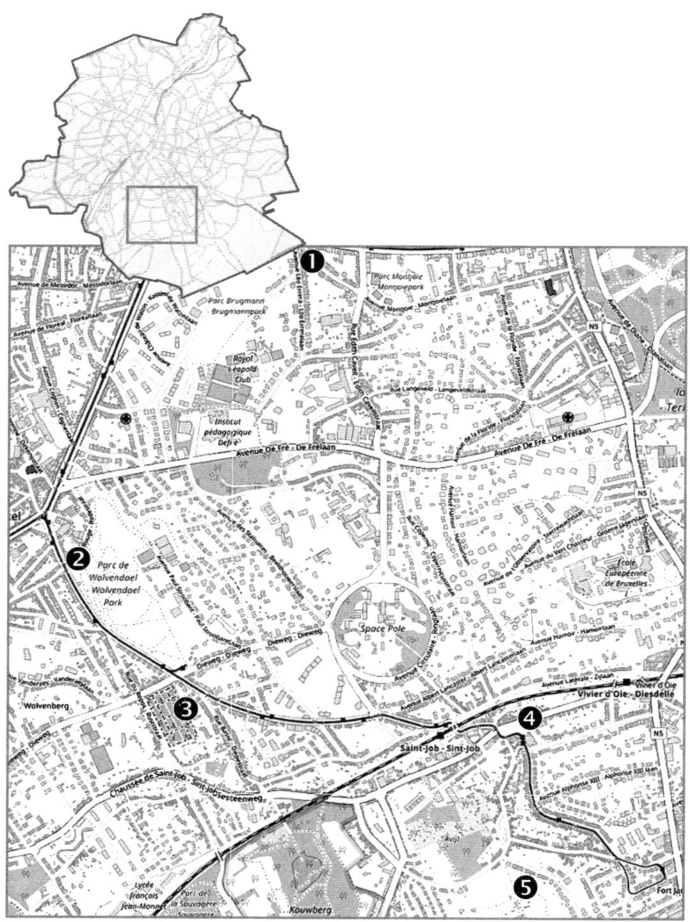

1 *Museum van Buuren*
2 *Pavillon Louis XV.*
3 *Hergé Grab im Cimetiére du Dieweg*
4 *Place St. Job und Chez Clémentine*
5 *Parc Fond'Roy*

Uccle

Von Schafen, Promigräbern und einem Schreibtisch mit Haifischunterlage

Van Buuren Museum: Art-decó-Juwel am Stadtrand

Mein Handy klingelt. „Uccle?“, fragt meine Freundin am anderen Ende der Leitung entgeistert, und ich male mir aus, wie sie auf ihrer geistigen Landkarte versucht, den Bezirk zu finden. Das ist doch dort, ganz weit draußen irgendwo.

„Was machst du denn in Uccle?“, fragt sie noch einmal. Die ehrliche Antwort ist: Ich möchte dem Trubel und dem Wirbel der Innenstadt für ein paar Stunden entkommen. Dafür eignet sich der Stadtteil Uccle im Süden der Stadt besonders gut. Denn obwohl meine Freundin den Eindruck vermittelt, Uccle sei auf einem anderen Planeten, ist dieses grüne Stadtviertel direkt mit der Straßenbahn aus dem Brüsseler Zentrum zu erreichen. Und auch aus dem EU-Viertel fährt ein Bus direkt hierher. Knapp zwanzig Minuten und man fühlt sich wie in einer anderen Stadt. In gewisser Weise ist es auch so: Mit rund 80.000 Einwohnern ist die Gemeinde Uccle fast eine Kleinstadt. Touristen verirren sich selten hierher und von den Eurokraten kommen nur jene, die hier wohnen und bereit sind, die tägliche Fahrt zu Schuman auf sich zu nehmen.

Heute lockt mich nicht nur die Ruhe, sondern auch die Architektur. Brüssel ist in erster Linie für seine Jugendstilbauten bekannt – für die Meisterwerke von Victor Horta, Gustave

Van-Buuren-Haus

Strauven, Paul Hankar und Kollegen. Weniger häufig – und vor allem weniger bekannt – sind die Art-déco-Exemplare, die man heute noch in Brüssel findet: Das Palais Stoclet, die Villa Empain (siehe Seite 154) und das Van Buuren Haus, das im Stadtteil Uccle liegt. David (1886–1955) und Alice van Buuren (1890–1973) lebten in diesem Gebäude, das seit Mitte der 1970er-Jahre das Van Buuren Museum beheimatet. David van Buuren war ein niederländischer Bankier, doch die Van Buurens hätten genauso gut belgische Adelige sein können: Sie unterhielten gute Beziehungen zum jungen Königshaus, zu Politikern und Künstlern – René Magritte etwa war ein gern gesehener Gast –, sie reisten durch die Welt, sammelten zeitgenössische und „alte" Kunst und waren zudem überaus wohlhabend.

Gerade rechtzeitig vor der großen Finanzkrise der 1930er-Jahre ließen sich die van Buurens Ende der 1920er ihre Villa in Uccle bauen, 1928 wurde das Art-déco-Haus fertig und bald ein beliebter Treffpunkt für die Reichen, Schönen und künstlerisch Begabten.

Bemerkenswert ist, dass das Haus im Inneren nicht erst wie ein Museum aussieht, seitdem es eines ist: Es glich bereits einem Museum, als die Van Buurens noch hier wohnten. Die

Villa wurde praktisch dafür gebaut, die beachtliche Kunstsammlung des Ehepaars zu präsentieren: Eindrucksvolle Möbel und kostbare Teppiche, die meisten Stücke noch dazu aus seltenen, edlen Materialien (zum Beispiel exotischen Hölzern und Elfenbein). Der Gipfel der Extravaganz ist vermutlich David van Buurens Schreibtisch in seinem Arbeitszimmer im ersten Stock: Das gute Stück wurde nach seinen Plänen aus Rosenholz und Walnuss angefertigt, die Schreibunterlage ist aus der Haut eines Weißen Hais gefertigt.

Hinzu kommen zahlreiche Skulpturen und eine umfassende Sammlung an Gemälden, die vom 15. bis zum 20. Jahrhundert reicht. Dabei haben die Van Buurens sich nicht nur auf alte Meister verlassen, sondern sich auch als Förderer zeitgenössischer Künstler betätigt: Gustave Van de Woestyne etwa ist ein heute fast entgangener belgischer Expressionist; er wäre wohl gänzlich aus der gängigen Geschichte verschwunden, hätten die Van Buurens als seine Mäzene nicht mehr als 30 seiner Gemälde gekauft. Gerne wird auch erzählt, dass es David van Buuren war, der den – heute nicht ganz

Herzgarten im Van-Buuren-Haus

so vergessenen – belgischen Maler James Ensor in Amerika bekannt machte: Nach dem Zweiten Weltkrieg nahm Van Buuren einige Stücke seiner kostbaren Sammlung mit auf eine USA-Reise – und soll so Ensor in die Kunstgemeinde jenseits des Atlantiks eingeführt haben.

Ähnlich wie das außergewöhnliche Haus, umgibt auch den Garten eine besondere Extravaganz. Auf eineinhalb Hektar sind es genau genommen sogar drei Gärten: der „Bildhübsche Garten", der nach den geometrischen Vorstellungen des Art-déco-Stils angelegt wurde, dazu ein Labyrinth und der „Herzgarten", der aus zwölf kleinen Herzen und einer umgebenden Herz-Hecke besteht. David van Buuren selbst hat nur noch den „Bildhübschen Garten" aus den 1920ern gekannt; die Erweiterung um das Labyrinth von 1968 und den „Herzgarten" von 1970 hat er nicht mehr miterlebt.

Marktstimmung und Dorfgespräche am Parvis

Ich ziehe weiter, von der Villa der Van Buurens zu ihren weniger bekannten Nachbarn in der Umgebung. Uccle hat verhältnismäßig viele Art-déco-Häuser zu bieten, was sich aus der Geschichte erklärt: Bis zum Ersten Weltkrieg war Uccle mehr oder weniger ländliches Gebiet, bei Weitem nicht so bebaut wie heute. Als der Stadtteil nach den Kriegsjahren als Siedlungsgebiet erschlossen wurde, hatten die Menschen aber weder die Zeit noch die Geduld und schon gar nicht das nötige Geld und die Materialien, um Jugendstil-Prachtbauten errichten zu lassen, wie es vor dem Krieg üblich gewesen war. Schneller musste es gehen, billiger musste es sein – moderner sollte es außerdem aussehen.

Sehenswertes Art déco in Uccle

In den Seitenstraßen der Avenue Brugmann, die zum Zentrum von Uccle führt, muss man nicht lange nach Art déco suchen. Allein vom belgischen Architekten Louis Tenaerts findet man hier mehr als eine Handvoll Häuser, darunter die Maison des Terrasses von Raphael Delville und mein Lieblingshaus in der Gegend, von dem weder Name noch Architekt überliefert sind: Ein schlichtes Backsteinhaus mit roten Fenstern, Türen und Verzierungen, nicht zu übersehen an Nummer 40, wenn man die Avenue de l'Echevinage entlang schlendert.

Auch auf der anderen Seite der großen Avenue Brugmann lohnt es sich, in die kleinen Gassen zu schauen: vorbei am Spielzeuggeschäft rechts und dem italienischen Feinkostladen links, die paar Meter zum Parvis Saint-Pierre, wo Uccle zumindest am Wochenende wieder an eine kleine eigenständige Gemeinde erinnert. Rund um die neoklassizistische Kirche Sankt Petrus trifft man sich Sonntag am Markt oder – so wie heute Nachmittag – nach dem Einkaufsbummel beim Bäcker auf einen Kaffee oder in einer der Brasserien zum Mittagessen. Ich entscheide mich für eine Suppe bei *Le Pain Quotidien*, am Tisch links von mir speist eine Oma mit Enkel, auf der anderen Seite sitzt rund um den rustikalen Holztisch eine Großfamilie noch beim Frühstück.

Wieder zurück am Square des Herós könnte ich durch den Haupteingang, an der schönen Kunsthochschule Uccles vorbei, in den Parc de Wolvendael gehen. Doch der Park muss heute noch kurz auf mich warten. Ich werde den Seiteneingang ums Eck nehmen, dort, wo man sich aus dem offenen Bücherschrank noch Literatur für eine Sonnenbank mitnehmen kann. Denn im Kulturzentrum von Uccle, das in einer Seitenstraße zu Park gelegen ist, versteckt sich ein Kleinod für Comicfans. Direkt in der Eingangshalle, unprätentiös vor dem Garderobenschalter platziert, steht eine lebensgroße Skulptur von *Tintin* und *Milou*. Nat Neujean war der erste Bildhauer,

Tintin-*Statue*

den *Tintin*-Vater Hergé mit Statuen beauftragte. Ein Mini-Modell aus den Händen Neujeans diente schon in den 1950er-Jahren als Ausgangsmodell für *Tintin*-Spielzeugfiguren, die Bronzestatue hier in Uccle wurde 1975 in Auftrag gegeben, um das 30-jährige Jubiläum des belgischen *Tintin*-Magazins zu feiern. Ursprünglich stand der 180 Zentimeter große Bronze-*Tintin* im Parc de Wolvendael, doch nachdem er immer wieder beschädigt wurde und mehrere Diebstahlversuche gescheitert waren, beschloss die Stadtverwaltung, *Tintin* ins sicherere Innere des Kulturzentrums umziehen zu lassen.

Ein Park und ein Friedhof für Comicliebhaber

Ich stöbere noch kurz im offenen Bücherschrank und gehe dann in den Park, vorbei am Pavillon Louis XV. wo die im Sommer so einladende Terrasse heute noch geschlossen hat. Der halb verborgene Pavillon am Parkrand wurde 1746 in Amsterdam erbaut, wo er stand, bis Baron Léon Janssen, selbst gebürtiger Niederländer aus Maastricht, Anfang des 20. Jahrhunderts auf die Idee kam, ihn abtragen und am Stadtrand Brüssels wieder aufbauen zu lassen – in *seinem* Park; denn bis er ihn 1921 an die Gemeinde verkaufte, war Janssen der Besitzer dieser 14,5 Hektar.

Dass die *Tintin*-Statue so nah am Wolvendael-Park steht, passt ganz gut: Die Wege im Park sind nach Künstlern benannt – und zu wahren Künstlern zählen die Belgier eben auch ihre Comiczeichner. Ganz oben, am höchsten Punkt des Parks, ist die Allée Peyo, benannt nach dem Pseudonym von Pierre Culliford, dem Schöpfer der Schlümpfe. Auf dem grünen „Straßenschild" steht nur „Peyo – 1928–1992 – Autor von Comics"; welche das waren, muss man in Brüssel nicht extra dazuschreiben. Die Belgier wissen natürlich, wer *Les Schtroumpfs* (*Smurfs* in der holländischen und englischen Fassung) erfunden hat; auch wenn wohl die wenigsten verinnerlicht haben, wie der Name entstand: Culliford saß mit einem befreundeten Comiczeichner beim Essen, als ihm das Wort „Salz" nicht einfiel – also griff er kurzerhand auf ein Fantasiewort zurück und fragte seinen Begleiter, ob er ihm bitte das „Schtroumpf" reichen könne. Die Antwort: „Hier ist das Schtroumpf, und wenn du fertiggeschtroumpft hast, schtroumpf es zurück." Damit war der universell einsetzbare Name für die blauen Figuren geschaffen – die Schlümpfe schlumpfen und verschlumpfen bekanntlich ja auch alles Schlumpfbare.

Ich bin am Ende des Parks und gleich an meinem nächsten Ziel angekommen: Bei einer kleinen namenlosen *Pâtisserie* gegenüber des städtischen Friedhofs von Uccle, dem Cimetière du Dieweg. Eigentlich wollte ich zuerst auf den Friedhof und dann in die Konditorei, aber die Regale sind schon halb leer und ich will nicht riskieren, dass ich in einer halben Stunde vor ganz leeren stehe. Ich schätze die Bäcker-ums-Eck-Atmosphäre hier, die freundliche Bedienung, die sich Zeit nimmt für einen Plausch mit den Stammkunden – und am liebsten mag ich die *Petits Choux*, die man auch Profiteroles, Mini-Éclairs oder einfach Brandteig-Windbeutel nennen könnte. Gefüllt mit Schlagsahne, überzogen mit Schokolade oder Kaffeecreme – und gerade so groß, dass sie nach zwei Bissen auch schon wieder weg sind.

Die *Choux* wandern in die Tasche, ich ziehe den Friedhofsplan heraus. Ich war schon einmal hier, um das Grab von Hergé zu suchen – nur dass die Suche zum Herumirren wurde und ich es nicht fand. (Die Friedhofswärter zeigen sich nicht besonders hilfsbereit, immerhin wollen sie nicht, dass das Gelände zu einem Touristenmagneten wird.) Heute bin ich besser vorbereitet: Am Eingang geht man rechts, dann die erste Reihe links hinunter, an einem großen Kreuz vorbei und in die letzte Reihe vor dem nächsten größeren Weg, der quert. Das Grab ist schlicht, *„Georges Remi, genannt Hergé“* steht auf der Plakette, neben die jemand eine kleine *Tintin*-Figur gelegt hat. Hergé, der im Brüsseler Stadtviertel Etterbeek aufgewachsen ist (nahe dem heutigen EU-Viertel), hat seine letzten Jahre in Uccle verbracht. Als er 1983 starb, musste eine

Grab von Hergé

Wochenmarkt Saint-Job

Ausnahme gemacht werden, damit er auch hier begraben werden konnte: Eigentlich war der Friedhof schon seit den 1950ern „geschlossen", nur wer schon ein Grab in der Familie hatte, konnte noch seine letzte Ruhe hier finden.

Saint-Job: Wo es nach Schafen und Pommesfett riecht

Ich sitze in der Straßenbahn, die mich vom Friedhof hinunter zum Place Saint-Job bringt, noch ein Marktplatz in Uccle. Man könnte die Strecke zu Fuß gehen, aber meine Füße schmerzen bereits. Der Place Saint-Job ist nicht ganz so kleinstädtisch-charmant wie zuvor der Parvis, aber auch hier gibt es einen einladenden Wochenmarkt – jeden Montag bieten Händler Obst und Gemüse, Blumen und Gewürze an. Die Hauptattraktion auf dem Platz ist jedoch ein viel gelobter Frittenstand, der vor einer hundert Jahre alten orthodoxen Kirche steht. Während der letzten Monate war die Umgebung noch eine riesige Baustelle – der Platz wurde erneuert –, die Pommes schmeckten noch immer, aber neben Bagger und

Betonmischmaschine leider nur halb so gut. Heute sind die Bauarbeiter weg, ich setze mich auf die Bank vor der *Friterie* (auch diese wurde neu renoviert und hat durch einen Glasverbau leider viel Charme verloren). Ich gönne mir ein *Cornet*, eine Tüte Pommes frites. Ich lege Wert auf diese gerollte, typische Verpackung – persönlich finde ich, dass Pommes aus einem Schälchen, einem *Ravier*, nur halb so gut munden. Ich würde mich gerne mit dem Pommes-Chef unterhalten, aber ich bin heute Nachmittag schon mit einem anderen Fritten-Experten verabredet, mit dem Chef meiner Lieblings-*Fritkot* Bompa.

Nach einer kurzen Pause ist es Zeit für einen weiteren Spaziergang. Rechts von der Kirche folge ich dem Kopfsteinpflaster auf den Montagne Saint-Job, der eher ein Hügel ist als ein Berg. Die Kellnerin vom Au Repos de la Montagne, einem Restaurant halb am Hang, räumt die Tische am Gehsteig ab, die Mittagskundschaft ist schon weg. Zwischen dem Infoblatt für den nächsten Yoga-Kurs in einem Fenster und dem Protestplakat gegen eine neue Überflugsroute zum Flughafen Brüssel überkommt mich wieder das „So ein netter kleiner Ort"-Gefühl, das durch die ballspielenden Kinder am Spielplatz auf der anderen Seite des Hangs noch verstärkt wird.

Von hier aus kann man schon die Schafe hören, bei denen mein Spaziergang durch Uccle endet. Der Parc Fond'Roy gehörte bis vor nicht allzu langer Zeit zur gleichnamigen Klinik in Uccle; heute ist er ein Geheimtipp für Frischlufthungrige und Familien. Schulklassen kommen hier regelmäßig zum „Lern-Bauernhof", die Schüler setzen sich mit den Tieren auseinander und lernen alles Wissenswerte über das Gemüse, das hier angepflanzt wird. Im Bauernhof selbst, der gut 150 Jahre alt sein soll, gibt es regelmäßig „kulinarische Ateliers", bei denen man beispielsweise erfährt, wie man Wildpflanzen in der Küche verarbeiten kann. Der Naturpark liegt mitten im Wohngebiet, und wo die Wiese der Schafe endet, beginnen die Gärten der Anrainer. Ein Mann mit Laptop sitzt auf seiner

Landidyll in Uccle

Terrasse, unbekümmert, dass er von einer Ziege angeblökt wird. Auf der anderen Seite des Weges haben die Esel ihre Wiese, die hinuntergeht bis zu einem kleinen Weiher. Ich spare mir heute den Weg durch den Matsch, gehe stattdessen in den Obstgarten, der bis auf eine Frau mit Kinderwagen und Sennenhund verlassen ist. Ich setze mich auf eine Bank und packe die *Choux* aus der Handtasche. Ein perfekter Ort für meine Nachspeise.

Maschinengewehre: das Beste, was Brüsseler Pommesbuden zu bieten haben

Auf dem Heimweg mache ich einen Abstecher nach Ixelles. Ich bin mit dem Inhaber meiner Lieblingsfrittenbude verabredet: Eric Duhamel von Fritkot Bompa. Bompa hat, anders als die stadtbekannten Pommesbuden Maison Antoine (Place Jourdan), Frit Flagey (Place Flagey) und Chez Clémentine (Place Saint-Job), nicht den Standortvorteil. Anstatt an einem Platz umringt von Bistros und Bäckereien zu sein, liegt Bompa an der vielbefahrenen Avenue de la Couronne. Sorge um zu wenig Kundschaft muss sich Eric aber nicht machen: Schüler, Einheimische, Mitarbeiter aus dem nahe gelegenen Krankenhaus d'Ixelles und sogar die Polizei kommen zu ihm. Inzwischen sind aber auch schon 20 Prozent seiner Kunden Expats, die in der Nähe wohnen – und auch Touristen, die diese *Friterie* auf Blogs entdecken oder eine Empfehlung von Einheimischen bekommen haben. Fritkot Bompa gehört quasi zum Brüssel-Inventar: Seit 1971 steht die Pommesbude an dieser Adresse. „Mein Großvater hat das Geschäft gegründet", sagt Eric. „Und ich mache die *Frites* noch immer genauso wie er." Eric ist ehemaliger Fleischer, der die BSE-Krise in den 1990er-Jahren zu spüren bekam. Er musste die Branche wechseln und übernahm Opas Frittenbude. Anders als andere Frittenstände, die Personal anstellen, um an sieben Tagen pro Woche Kartoffeln zu frittieren, ist Bompa ein reiner Familienbetrieb geblieben. Eric und seine Frau stehen hinter dem großen Glasfenster, manchmal helfen auch Sohn und Tochter nach der Schule aus. Natürlich sind die Öffnungszeiten in einem Ein-Ehepaar-Betrieb begrenzter als bei den großen *Fritkots.* Mittags und abends hat Bompa geöffnet, zu den Mahlzeiten-Zeiten. Denn als Snack zwischendurch sollte man ohnehin nicht allzu viele Pommes essen.

Im Lauf der Jahre hat sich Eric einen treuen Kundenstamm aufgebaut. „Unsere Stammgäste essen immer das Gleiche", sagt er. Der Mann aus der Parallelstraße isst immer *Fricadelle* (faschiertes Fleisch in Wurstform und frittiert) und große Pommes; die Angestellte, die oft in ihrer Mittagspause kommt, will eine kleine Portion Pommes, immer aber mit extra *Sauce tartare.* (Eric macht diese selbst.) Manchmal versucht der *Fritkot*-Chef seine Kunden zu etwas anderem zu überreden. „Ich habe meist keine Chance", sagt er und lacht. Seitdem ich in Brüssel bin, frage ich mich, ob die Einheimischen viele Gedanken daran verschwenden, dass Pommes einen hohen Kalorien- und Fettgehalt aufweisen.

Pommes

„Nein! Pommes gehören einfach zum Alltag“, antwortet Eric auf meine Frage. Während sich in anderen Ländern Eltern die Haare raufen würden, wenn ihre Kinder mittags eine große Portion Pommes essen würden statt einer ausgewogenen Mahlzeit, gehört das hierzulande einfach dazu – zwar nicht täglich, aber doch immer wieder.

„Natürlich müssen Kinder aber auch Gemüse essen“, sagt Eric. Deswegen versucht er die Kids zumindest zum Salatblatt und zur Tomatenscheibe zu überreden, wenn sie sich eine *Mitraillette* bestellen. Übersetzt bedeutet diese Speise „Maschinengewehr“ und sie ist wohl das Deftigste, was eine Brüsseler Frittenbude zu bieten hat: Ein Baguette gefüllt mit Fleisch – entweder *Fricadelle*, *Brochette* (Spieß) oder *Boulette* – dazu eine Soße nach Wahl, ein Alibi-Salatblatt und obenauf gibt es noch einen Berg Pommes frites. Es ist quasi das aufregendere Äquivalent eines Menüs bei einer Fast-Food-Kette.

Apropos Fast-Food-Ketten: Eric hat sich unlängst in Brüssel einen Namen gemacht, als er gegen die Burger-Kette *Quick* vorging. Diese hatte in ihren Werbungen die belgischen *Fritkots* angegriffen. Am Ende kam es zu einer öffentlichen Entschuldigung.

Erics Pommes-Tattoo

Eric ist eben ein *Fritkot*-Betreiber aus Leidenschaft – auch wenn man es ihm auf den ersten Blick nicht anmerken würde: Er wirkt groß und sportlich, nicht so wie jemand, der täglich neben der Fritteuse steht – und auch täglich seine Pommes auf ihre Qualität hin testet. Er hat als Besitzer dieser Frittenbude, die eine der schönsten Jalousien hat (nämlich mit einem *Manneken Pis* bemalt, der mit einer Tüte Pommes wirft), eine gesellschaftliche Funktion – er ist Versorger, Freund und Kummerkasten seiner Kunden. Immer wieder lässt er sich auch Projekte für die Sozialbedürftigen einfallen: So gab es vor einer Weile zum Beispiel eine Aktion, wo man Pommes für die Obdachlosen spenden konnte. Zum Abschied zieht Eric den Ärmel seines T-Shirts hoch, um mir den besten Beweis für seine Pommes-Leidenschaft zu zeigen. Wer sonst hat das Tattoo einer Pommestüte auf dem Oberarm?

Rezept

BELGISCHE POMMES FRITES FÜR ZUHAUSE

Für eine große Portion: 250 g Kartoffeln, Rinderfett (oder herkömmliches Frittierfett)

Die Kartoffeln schälen und in 1 cm breite Streifen schneiden. Die geschnittenen Kartoffelstücke zweimal in kaltem Wasser waschen, um die überschüssige Stärke zu entfernen. Mit einem Stück Küchenrolle abtupfen. Hinweis: erst frittieren, wenn die Kartoffeln wirklich trocken sind.

Das Fett auf 170°C erhitzen, die Kartoffelstücke darin sieben Minuten frittieren. Wenn Sie kein Thermometer zur Hand haben, werfen Sie einen Würfel Brot in das Fett. Wenn es binnen 45 Sekunden goldbraun wird, hat das Fett die richtige Temperatur. Wenn Sie eine Fritteuse verwenden, frittieren Sie jeweils eine Handvoll Pommes frites auf einmal, sodass die Temperatur konstant bleibt.

Nach dem ersten Durchgang sollten die Pommes hellgelb und fest sein. Schütteln Sie sie in einem Sieb gut durch, um möglichst viel überschüssiges Fett zu entfernen. Zehn Minuten auf einem Gitterrost auskühlen lassen. Beim zweiten Durchgang wird das Fett auf 180°C erhitzt. Nun werden die Pommes knusprig gemacht. Dazu die Pommes – idealerweise wieder in kleinen Portionen – 2 bis 4 Minuten frittieren.

Heiß und frisch aus dem Fett mit Salz servieren. Sollten Sie die Pommes frites warm halten wollen, bedecken Sie diese bloß nicht mit einem Deckel oder einer Glocke. Durch den Dampf werden die Pommes weich und matschig. Machen Sie es stattdessen wie die *Fritkot*-Betreiber: Wickeln Sie Ihre Fritten in Papier ein und reißen Sie oben ein Loch in das Paket, sodass der Dampf entweichen kann.

Orte zum Einkehren

Le Louis XV
Avenue du Wolvendael 44
Tel.: +32 2 372 28 60
Täglich 12-14.30 Uhr, 19-21.30 Uhr, Montag und Dienstag geschlossen
www.louisxv.be

Chez Clémentine
Place de Saint-Job 40
Tel.: +32 483 57 75 23
So-Do: 11.30-1 Uhr, Fr, Sa: 11.30-6 Uhr
www.chezclem.be

Fritkot Bompa
Avenue de la Couronne 71
Tel.: +32 2 647 79 42
Mo–Fr: 11.30-14 Uhr, 17.30-23 Uhr, So: 17.30-23 Uhr, Sa: geschlossen
www.fritkotbompa.tripod.com

Chez Clémentine

Orte zum Vertiefen

Museum van Buuren

Museum van Buuren
Avenue Léo Errera 41
Tel.: +32 2 343 48 51
Täglich 14-17.30 Uhr,
Di: geschlossen
www.museumvanbuuren.be

Centre Culturel d'Uccle
Rue Rouge 47
Tel.: +32 2 374 64 84
www.ccu.be

Cimetière du Dieweg
Dieweg 95
Tel.: +32 2 374 17 50
Mo-Fr: 8.30-16 Uhr,
Wochenende und Feiertage:
9.30-16.30 Uhr
www.uccle.be/administration/environnement/biodiversite/le-cimetiere-du-dieweg

Parc Fond'Roy
Vielle Rue du Moulin 93
Täglich geöffnet

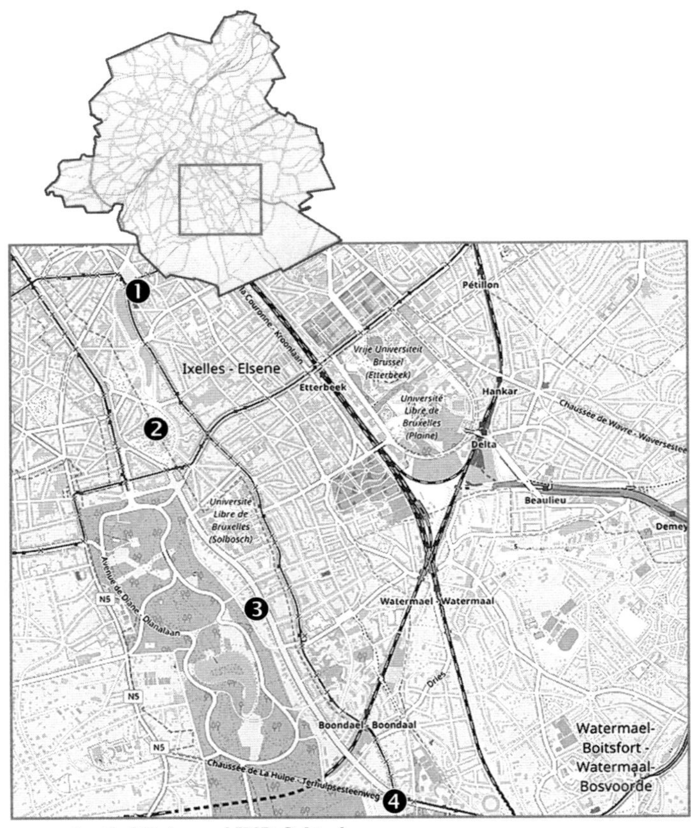

1 Café Belga und INR Gebäude
2 Kloster Notre Dame de la Cambre
3 Villa Empain
4 Parc Tournay-Solvay

Ixelles und Bois de la Cambre

Ein Waldspaziergang mitten in der Großstadt

Place Flagey: Marktstimmung rund um das Radiofunkhaus

Ich kann mich noch sehr gut daran erinnern, als ich den Place Eugène Flagey – von den Einheimischen nur Place Flagey genannt – im Stadtteil Ixelles zum ersten Mal sah. Ich war mit einer Bekannten, die schon eine Weile in Brüssel im Europäischen Parlament arbeitete, an dem nördlicher gelegenen, entzückenden Place Saint-Boniface essen. Dieser Platz – ebenso im Stadtteil Ixelles – ist umringt von charmanten Lokalen, die Speisen aus aller Welt anbieten. Dazu gibt es Kopfsteinpflaster, nette Terrassen und an der Stirnseite eine hübsche kleine Kirche. Ein Ort, den es sich lohnt aufzusuchen. Nachdem wir uns an thailändischem Essen gelabt hatten, führte uns unser Verdauungsspaziergang hinunter zum Place Flagey. Meine Freundin wollte einen Absacker im angesagten Lokal Café Belga trinken.

Zugegeben, zunächst war ich von diesem Platz alles andere als angetan: Zu weitläufig erschien er mir, zu grau und – verglichen mit den vielen schönen Jugendstilgebäuden – viel zu modern. Das große, klobige, beige Gebäude mit dem zylinderförmigen Turm an der Südseite ist für mich keine Schönheit – selbst wenn es ein historisches Haus ist. Es handelt sich um das einstige Radiogebäude des INR (*Institut National*

Gebäude an dem Place Flagey

de Radiodiffusion) und wurde in den 1930ern errichtet. Damals galt es aufgrund des modernen Baustils als ausgefallen. Die Pläne für diesen Koloss stammen vom belgischen Architekten Joseph Diongre. Anfang des 21. Jahrhunderts wurde dieses Gebäude, das oft auch mit einem Schiff verglichen wird, saniert. Heute werden die einstigen Sendesäle für Konzerte und Aufführungen verwendet. Das Café Belga, das sich im Erdgeschoß befindet, ist ein immerwährender Hotspot: Hier gibt es alles – Frühstück, Mittagessen, Abendessen, Snacks, Cocktails, Bier, Brettspiel- und Jazzabende sowie (laute) Expat-Partys. Vor allem an sonnigen Tagen kann man hier lange verweilen: Das Café Belga verfügt über eine große Sonnenterrasse. Wenn man Glück hat, ergattert man sogar einen der wenigen Liegestühle, die im Sommer aufgestellt werden.

Es hat nicht lange gedauert, bis ich den Place Flagey lieben lernte und verstand, warum so viele von diesem Flecken und seiner belebten Umgebung schwärmen. Nicht nur, dass es ganz in der Nähe – vor allem in der Rue Lesbroussart – einige tolle Restaurants und Weinbars gibt (zum Beispiel die Vinothek Le Petit Canon und das Asiarestaurant Takumi). An Samstagen und Sonntagen erwacht der Platz zum Leben. An beiden Tagen findet ein Wochenmarkt statt, allerdings ist dieser am Sonntag eine Spur größer: Food Trucks verkaufen *Galettes* (Buchweizencrêpes), Waffeln, Tacos und asiatische Currys, sogar Austern- und Champagnerstände laden zum Verweilen ein. Der Markt findet bei jedem Wetter statt. Selbst wenn der Himmel wolkenverhangen ist und die Temperaturen fallen, trotzen die (Wahl-) Brüsseler dem Grau und halten sich draußen auf. Immer häufiger werden Terrassen mit Heizstrahlern aufgemotzt.

Heute Morgen ist es warm, als ich meinen Ausflug beginne. Nach einer Stärkung am Markt spaziere ich entlang der Étangs d'Ixelles, zwei lang gestreckten Weihern. Der Kiesweg rund um das Wasser ist eine beliebte Joggingroute. An diesem Wochenende aber müssen die Sportlichen zwischen den vielen Kinderwägen, Sonntagsspaziergängern und Entenfütterern Slalom laufen. Ich wähle das rechte Ufer, jenes also, das weiter von dem Place Flagey entfernt ist. In den Seitenstraßen, die von den Weihern wegführen, befinden sich ein paar wahre architektonische Juwele. Das Haus an der Adresse Rue du Lac 6 stammt zum Beispiel vom renommierten Jugendstilarchitekten

Markt auf dem Place Flagey

Haus Delune

Ernest Delune (1859–1947). Die Fassade mit den vielen Kreiselementen soll die verschiedenen Phasen des Mondes widerspiegeln. Delune war in dieser Umgebung gleich mehrfach kreativ: Auch in der Rue de la Vallée (nächste Seitenstraße) gestaltete er um die Jahrhundertwende zum 20. Jahrhundert die Häuser Nr. 2–12 und 18–32.

Entlang der Straße, die direkt die Teiche säumt, der Avenue du Général de Gaulle, gibt es auch zwei Schmuckstücke: Haus Nr. 38 sowie 39 stammen vom Architekten Ernest Blerot. Blerot setzte in seinen Werken gerne florale Motive ein, diese sind ebenfalls in der nächsten Seitenstraße, der Rue Vilain XIIII, bei Nr. 9 und seinem „Zwilling" Nr. 11 zu sehen.

Zwischen den beiden Teichen liegt der Square du Souvenir, auf dem ein Denkmal steht, das an die Bewohner von Ixelles erinnert, die während der beiden Weltkriege (1914–1918 und 1939–1945) einen Heldentod gestorben sind. Es wurde in den 1920er-Jahren errichtet. Die Bronzeskulptur stammt vom Bildhauer Charles Samuel, die Steinelemente sind von Marcel Rau.

Ich überquere die Straße und merke sofort, dass es rund um den zweiten Weiher deutlich ruhiger wird. Die meisten Flanierer scheinen sich nicht zu weit von dem belebten Place Flagey entfernen zu wollen.

Picknickplätze im Kloster und eine Disco im Wald: der Spaziergang ins Grüne

Am Ende des Teichs angelangt, erreiche ich das Kloster Notre-Dame-de-la-Cambre. Es wurde im Jahr 1201 von Gisèle, einer adeligen Brüsselerin, gegründet und dem Zisterzienserorden anvertraut. Im Mittelalter und während der Religionskriege im 16. Jahrhundert wurden die Gebäude stark beschädigt, später aber größtenteils wiederaufgebaut. Der Garten wurde im 18. Jahrhundert erweitert und terrassenförmig angelegt. Heute sind hier das Nationale Geografische Institut sowie eine Kunsthochschule untergebracht. Ich passiere einen gewölbeähnlichen Durchgang, um im Garten einen Moment durchzuschnaufen. Ich lasse mich auf einer der leeren Bänke nieder. Unter der Woche sind diese bei den Angestellten beliebt, die in den Büros entlang der Avenue Louise arbeiten. Bereits Mitte des 19. Jahrhunderts ließ König Leopold II. diese Prachtstraße anlegen (sie liegt oberhalb des

Kloster Notre-Dame-de-la-Cambre

Klosters), sie sollte dem Stil des weitläufigen Pariser Haussmann-Boulevards nachempfunden sein. Damals war sie von wuchtigen Kastanienbäumen geschmückt und führte direkt in das Naherholungsgebiet des Königs, den Bois de la Cambre. Seiner ältesten Tochter zu Ehren nannte Leopold II. die Straße Avenue Louise.

Ich verlasse das Klosterareal über steile Treppen. Von hier sind es nur ein paar Schritte zum Eingang in den Bois de la Cambre, quasi der „Central Park" Brüssels. Genau genommen bildet der Park, der nach dem Kloster benannt ist, den nördlichsten Teil des riesigen Waldes, dem Forêt de Soignes, der sich südlich der Stadt erstreckt. Die belgische Regierung verkaufte im Jahr 1842 rund 120 Hektar Land an die Stadt Brüssel, damit hier für die Bevölkerung ein Park entstehen konnte. Zwanzig Jahre lang war dieser allerdings abgeschnitten, da keine Straße direkt dorthin führte.

Um ins Grüne zu gelangen, folgt man am besten der Avenue Louise bis zum südlichen Ende. Als ich bei meinen ersten Besuchen unsicher war, wie man genau in den Wald und den Park kommt, folgte ich einfach den Joggern. Nach einem letzten Kreisverkehr trennt sich der weitläufige Boulevard in zwei Seitenarme – der eine führt links, der andere rechts durch den Park. Fußgänger haben den Vorteil, dass sie querfeldein gehen können. Jeder Pfad führt zum Ziel: ins Grüne. Zwei Zöllnerhäuschen markieren den Beginn des Parks. Im Jahr 1835 errichtet, standen sie einst am Stadttor Porte de Namur. Nachdem der Zoll abgeschafft wurde, wurden sie ans Ende der Avenue Louise übersiedelt.

Der obere Teil des Waldparks ist naturbelassen, allerdings ist so mancher Besucher doch überrascht, dass sich ausgerechnet hier – zwischen den dichten Bäumen – eine Diskothek befindet. Wer von der Bushaltestelle am Waldrand kommt, sollte bei seinem Besuch im Les Jeux d'Hiver die Stilettos lieber zu Hause im Schrank lassen.

Kreuz und quer führen die Wege, sodass man nach Lust und Laune den 120 Hektar großen Park erkunden kann. Fast unmöglich ist es, nicht irgendwann in der Mitte des Parks beim See anzugelangen. Die Bänke sind hier spärlich gesät, an sonnigen Tagen kann es sogar schwierig sein, einen freien Platz zu bekommen. Zum Glück gibt es aber genügend Sonnenstühle auf der Insel, die im Herzen des Sees liegt: Mit ihrem übergroßen Holzchalet – die Gastronomie Chalet Robinson – ist sie nicht zu übersehen. Bezahlt man dem Fährmann einen Euro, bringt er einen mit dem kleinen Boot hinüber zu diesem einladenden Restaurant. Zwar zahlt man für die Köstlichkeiten hier den Preis für die ausgefallene Location mit, aber man kann im Garten auch nur auf einen Drink einkehren. Die vielen Liegestühle, die hier in den Sommermonaten bereit stehen, machen Lust, einen gemütlichen Nachmittag mit ein, zwei *Kriek* (Kirschbieren) zu verbringen. Übrigens: Für alle, die im Park auf die Toilette müssen, ist die Investition in die Fähre eine gute, denn öffentliche WCs sind im Park nicht zu finden.

Art déco und Brüssels schönster Privatswimmingpool

Nach meinem Besuch auf der Insel kehre ich zurück auf das Festland – und werde vom freundlichen Kapitän mit einer kleinen Süßigkeit aus einer Schatztruhe verabschiedet. Ich halte mich nun an das linke, also östliche Seeufer, und beobachte die Kinder, die sich auf der Wiese rund um den Eismann drängen.

Mein nächstes Ziel liegt außerhalb des Parks: die Villa Empain. Neben dem Palais Stoclet (im östlichen Viertel Woluwe-Saint-Pierre gelegen und zwischen 1905 und 1911 vom österreichischen Architekten Josef Hoffmann gestaltet) zählt die Villa Empain zu den schönsten Art-déco-Meisterwerken der Stadt. Baron Louis Empain, Sohn des reichen Ingenieurs und Unternehmers Édouard Empain, erteilte im jungen Alter von 21 Jahren 1930 den Auftrag, diese 2500 Quadratmeter große Villa zu errichten. Damals hieß die Avenue Franklin Roosevelt noch Avenue des Nations. Federführend bei der Gestaltung des Hauses war der Schweizer Architekt Michel Polak, der mit seinem Kollegen Alfred Hoch zusammenarbeitete. Heute besticht das Gebäude, das auf einem weitläufigen Grundstück steht, durch vier polierte Granitfassaden, einem fulminanten Interieur, einem säulenumrankten Swimmingpool und zahlreichen Statuen und Figuren.

Als die Villa in den 1930ern errichtet wurde, sorgte sie für Aufsehen, vor allem wegen des modernen Stils, den geraden Linien (etwa den vergoldeten Messingleisten) und der Vielfalt an Materialien, die eingesetzt wurden.

Louis Empain nutzte das Haus kaum für sich, bereits 1937 schenkte er es dem belgischen Staat, mit der Auflage, hier ein Museum für Kunst und Design unterzubringen. Dieses

Villa Empain

Pool der Villa Empain

Vorhaben wurde allerdings nicht sofort umgesetzt: 1943 besetzte die Gestapo die Villa. Nach Ende des Kriegs waren hier kurz alliierte Soldaten untergebracht, später diente das Gebäude als Botschaft der UdSSR. Da die ursprünglichen Absichten nicht umgesetzt wurden, holte Louis Empain sich die Villa in den 1960er-Jahren zurück. 1973 verkaufte er sie wieder. In der Folge wurde das Gebäude vom Fernsehsender RTL genützt, während der 1990er-Jahre stand es weitgehend leer und verfiel zunehmend. 2006 kauften die heutigen Besitzer, die Gründer der *Fondation Boghossian*, die Villa und richteten sie aufwendig her. (2011 wurde das Haus sogar mit einem Design-Preis ausgezeichnet.) Die Stiftung hat sich dem (Kunst-)Dialog zwischen Ost und West verschrieben. Zwei Ausstellungen pro Jahr werden in der Villa inszeniert – und dabei in das Art-déco-Umfeld perfekt integriert. Als Besucher sieht man somit viel mehr als nur ein architektonisches Kunstwerk.

Heute aber habe ich mir vorgenommen, mich ausschließlich auf das Gebäude zu fokussieren. Ich betrete die Villa und kaufe mir ein Ticket im kleinen Shop, der sich dort befindet, wo einst Louis Empains Büro war. Die riesige Halle im Zentrum des Hauses ist von grauen Steinsäulen eingefasst, darüber eine viereckige Galerie mit schmuckvoller Metallbalustrade. Auch durch die Marmorböden ziehen sich die geraden Schwarz-Weiß-Muster durch. Die Türen aus Walnuss und Rosenholz runden das Umfeld stimmig ab.

Etwas irritierend wirkt bloß die gusseiserne hüfthohe Absperrung zum Wohnzimmer hin. Diese ist kein Schutz gegen Touristen (der Andrang in der Villa Empain hält sich in Grenzen), sondern Teil der Originalarchitektur des Hauses. Der Pariser Kunstschmied Edgar Brandt gestaltete die Blumenmotive auf den Gittern, die in der Folge vom Belgier Alfred François ergänzt wurden.

Im Salon gibt ein riesiges Panoramafenster den Blick auf den Garten und den beeindruckenden Pool frei. Die meisten Besucher bemerken, abgelenkt von draußen, zunächst nicht die gläsernen Quadrate an der Zimmerdecke. Der französische Künstler Max Ingrand soll bei der Ausarbeitung von der Milchstraße inspiriert gewesen sein.

Weiter geht mein Rundgang durch den früheren Speisesaal des Barons Empain und in einen privaten Salon – wieder mit einer wunderschönen Decke. Neben einer American Bar, wie sie in den 1930ern modern war, führt eine Treppe ins Obergeschoß. Die Galerie im ersten Stock, die sich quadratisch um das lichtdurchflutete Erdgeschoß legt, lässt mich innehalten, bevor ich die weiteren Zimmer entdecke: das Schlafzimmer, ein früheres Fechtzimmer und ein restauriertes Bad. Die Wände wie auch die Bodenmosaike sind vollständig erneuert worden. Bevor ich den Garten erkunde, führt mich mein Weg in den Keller des Hauses. Heute ist hier sogar ein kleines Café eingerichtet, ursprünglich dienten diese Räume dem Hauspersonal.

Ich habe Glück. Die Sonne scheint und ich kann erkennen, weshalb Architekt Polak den Pool genau hinter dem Haus anlegte: Fällt das Licht richtig, spiegelt sich die gesamte Fassade im Wasser. Zum Zeitpunkt seiner Errichtung galt der

Pool als eines der größten und modernsten Privatschwimmbäder in Brüssel. (Auch dieser wurde im Zuge der Renovierungsarbeiten zu Beginn des Jahrtausends aufwendig erneuert.) Der Pool ist umgeben von zahlreichen Statuen, die speziell für diesen malerischen Ort angefertigt wurden.

Relaxen zwischen Obstbäumen im Parc Tournay-Solvay

Anstatt in den großen Bois de la Cambre zurückzukehren, beschließe ich, mich in einen viel kleineren, abgelegenen Park zurückzuziehen: den Parc Tournay-Solvay. Um diesen zu erreichen, nehme ich die Straßenbahn 94 bis zur Station Boitsfort Gare. Wir befinden uns nun in der *Commune* – dem Gemeindebezirk – Watermael-Boitsfort. Heute ist mir nicht nach Wandern zumute. An anderen Tagen bin ich schon zu Fuß vom Bois de la Cambre durch einen Teil des dichten Forêt de Soignes spaziert (ca. fünf Kilometer). Auf dem Weg kommt man an einer alten Trabrennbahn sowie an einigen kleinen Teichen vorbei. (Achtung: Da der Weg nicht besonders gut ausgeschildert ist, die Spazierpfade aber fast alle in *Google Maps* ersichtlich sind, ist es ratsam, das aufgeladene Smartphone mitzunehmen.) Vom Parc Tournay-Solvay sind viele weitere Wanderungen möglich. Er liegt an der Promenade Verte, einem Wanderweg, der in sieben Abschnitten – und mit insgesamt etwa 60 Kilometern – rund um die Stadt Brüssel führt.

Von der Straßenbahn kommend, betrete ich den Park durch den nördlichen Haupteingang. Dieses Areal geht auf die Familie Solvay zurück, die die Grünanlage Ende des 19. und Anfang des 20. Jahrhunderts nach und nach gestaltete. Alfred Solvay, Bruder des Großindustriellen Ernest Solvay, ließ zunächst eine Villa im Stil der Neorenaissance errichten.

Im Parc Tournay-Solvay

Anfang des 20. Jahrhunderts wurde die Villa durch den Architekten Jules Brunfaut erweitert. Nach dem Ableben von Alfreds Tochter Thérèse wurde die Liegenschaft verkauft. Nachdem ein Projekt für einen Bürokomplex nicht umgesetzt wurde, stand das Gebäude lange Jahre – bis etwa 1980 – leer. Ein Brand kurz darauf hinterließ nur noch eine Ruine. Nun soll das Château wieder aufgebaut werden.

Die umliegenden Gärten wurden ab 1911 von Jules Buyssens gestaltet, der nach seiner Ausbildung in Paris zum Gartenbaudirektor der Stadt Brüssel ernannt worden war. Ich liebe den Parc Tournay-Solvay vor allem wegen seiner Abgeschiedenheit – und wegen seiner vielen Schätze. Zunächst wird meine Aufmerksamkeit auf einen überdimensionalen Steinkopf mit Helm gelenkt. Es handelt sich hierbei um die Nachbildung eines mexikanischen Olmekenkopfs. (Das Original befindet sich in einem Museum in Mexiko.) Etwas weiter den Pfad entlang kommt rechtsseitig eine Abzweigung zum pittoresken, kreisförmig angelegten Rosengarten. Er wurde in den 1920er-Jahren gestaltet, heute wachsen rund 150 Rosensorten hier. Das außergewöhnliche an diesem Park ist wohl seine Form. Bei genauerem Hinsehen bildet er eine Art Schlucht. Die beiden Seiten fallen steil ab – hinunter zu einem Weiher. Ich schlendere

Nachbildung eines Olmekenkopfes

den abwärts führenden Weg entlang, über kleine Brücken und vorbei an knorrigen Bäumen. Am Wasser mache ich eine Verschnaufpause, bevor ich den Hang auf der anderen Seite erklimme. Denn dort liegt mein Lieblingsplatz in diesem verwunschenen Garten: eine runde Wiese mit im Sommer hochwachsenden Gräsern und Obstbäumen. Der perfekte Ort, um mit einem Buch eine ruhige Stunde zu verweilen. Hinter der Steinmauer liegt noch ein Gemüsegarten, der oftmals Ausflugsziel von Schulklassen ist. Heute habe ich Glück – keine Kinder – und genieße die Ruhe.

Etwas später verlasse ich den Park durch den unteren Ausgang, der hinaus zum Boitsfort-Weiher führt. Gleich rechts neben dem Ausgang befindet sich eine weitere kleine Naturoase, die allzu oft übersehen wird: die Domaine des Silex. Das vier Hektar große Areal wird samstags (und auch an jedem ersten Sonntag im Monat) für alle Naturliebhaber zugänglich gemacht. Neben Schafen, Pferden und Blumenpracht gibt es auch einen schönen Teich.

Heute hat die Domaine des Silex geschlossen. Ich muss mit einem anderen Gewässer, dem Boitsfort-Weiher vorliebnehmen. Dieser ist nach dem Stadtteil Watermael-Boitsfort, in dem wir uns gerade befinden, benannt. Während ich den Chemin des Silex hinunter gehe, wird mir wieder einmal bewusst, wie grün Brüssel ist. Noch immer befinden wir uns innerhalb der Hauptstadt Brüssel, die Gegend ist sowohl mit Bussen als auch Straßenbahnen gut angebunden.

Ich überquere die große Straße, um noch ein wenig durch den Bezirk zu streifen. Gleich links liegt das Restaurant Le Chapelier Fou, benannt nach der Figur des Hutmachers von *Alice im Wunderland.* Es ist purer Zufall, dass dieses Lokal den Namen einer literarischen Figur trägt und zugleich ein wichtiger Treffpunkt für Literaturbegeisterte ist. Jeden vierten Mittwoch im Monat findet in den frei stehenden Räumlichkeiten im ersten Stock der *Brussels Bookswappers Club* statt. Seit fast 15 Jahren schon existiert diese Initiative, bei der Leser (aller Länder) ihre Bücher (in allen Sprachen) hier tauschen können. Gelegentlich gibt es auch ein Rahmenprogramm – so lädt die Initiatorin Karen immer wieder Autoren und Musiker ein, die an diesen Abenden ihre Werke und Stücke präsentieren.

Ein kurzer Spaziergang durch die Wohngegend bringt mich zum Place Léopold Wiener. Ein paar Leute sind in der Pizzeria, ansonsten aber wirken dieser Platz wie auch der Place Payfa auf der gegenüberliegenden Straßenseite leer – zumindest verglichen mit dem Trubel an einem Sonntagmorgen. Da findet nämlich rund um das Gemeindeamt von Watermael-Boitsfort ein belebter Wochenmarkt statt.

Ein Highlight, das man auch zu anderen Tageszeiten und unter der Woche hier entdecken kann, ist die Tram de Boitsfort. Denn wie nahezu jeder Platz hat der Place Wiener ebenfalls einen Frittenstand. Das Besondere an diesem ist allerdings, dass er in einem ehemaligen Straßenbahnwaggon untergebracht ist.

Orte zum Einkehren

Café Belga
Place Eugène Flagey 18
Tel.: +32 2 640 35 08
Mo–Do: 7.30–2 Uhr,
Fr: 7.30–3 Uhr, Sa: 8–3 Uhr,
So: 8–2 Uhr.
www.cafebelga.com
www.facebook.com/
cafebelgabrussels

Le Petit Canon
Rue Lesbroussart 91
Tel.: +32 2 640 38 34
Mo–Fr: 16–23 Uhr,
Sa: 12–23 Uhr
www.facebook.com/
Le-Petit-Canon-80893210680

Takumi
Rue Lesbroussart 8
Tel.: +32 488 43 04 42
Mo: 18.30–22 Uhr, Di–Do:
12–14 Uhr, 18.30–22 Uhr, Fr,
Sa: 12–14 Uhr, 18.30–22.30 Uhr
www.takumi.be

Chalet Robinson
Sentier de l'Embarcadère 1
Tel.: +32 2 372 92 92
Mo–So: 12–23 Uhr
www.chaletrobinson.be

Le Tram de Boitsfort
Place Payfa
Tel.: +32 2 675 82 91
Mo–So: 11.30–22 Uhr, Di: geschl.
www.letramdeboitsfort.be

Chalet Robinson

Orte zum Vertiefen

Abbaye de la Cambre

Abbaye de la Cambre
Avenue Émile Duray

Villa Empain – Foundation Boghossian
Avenue Franklin Roosevelt 67
Tel.: +32 2 627 52 30
Di–So: 11–18 Uhr
(freier Eintritt jeden ersten Mittwoch im Monat)
www.villaempain.com

Parc Tournay-Solvay
Watermael-Boitsfort
Tel.: +32 2 775 75 75
Täglich geöffnet von 8 bis 18–21 Uhr (je nach Jahreszeit)
www.brussels-gardens.be

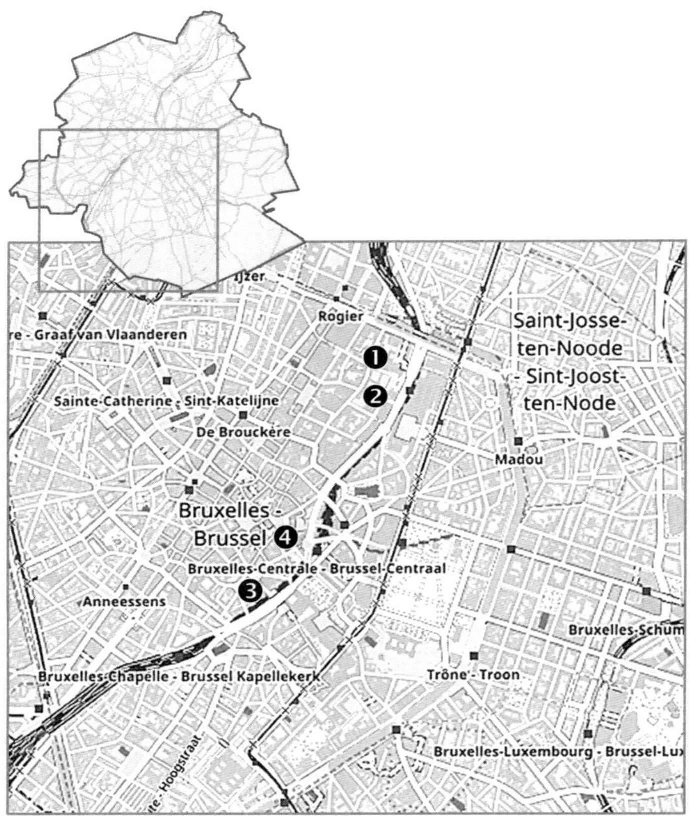

1 *Comiclesesaal im Comic-Museum*
2 *Musée Marc Sleen*
3 *Galerie Bortier*
4 *Galerie Horta*

Belgische Comics

Von besserwisserischen Katzen, Hotelpagen und braven Pfadfindern

Der Comiclesesaal: 3000 Bände und Sitzsäcke im ehemaligen Textilgeschäft

„Mögt ihr Comics?", fragte ich die Kinder meiner Cousine, als sie mich unlängst in Brüssel besuchten. Schulterzucken. Schweigen. Begeisterung sieht anders aus. Irgendwann antwortete eines der Mädchen: „Der *Disney*-Film *Frozen* war toll." Da merkte ich, dass ich sie mit meiner Frage überfordert hatte. Anders als ich – und auch meine Elterngeneration – haben diese Kinder noch nie ein, zwei Stunden mit einem *Asterix*-Heft verbracht. Schnell klärte ich sie auf, dass Zeichentrickfilm und Comicheft zwei verschiedene Paar Schuhe sind – wenngleich es manche Comicfiguren bei großer Beliebtheit auf die große Leinwand schaffen. Wirklichen Enthusiasmus konnte ich bei den beiden Kindern trotzdem nicht erzeugen. Aber ich sah es als meine Aufgabe, sie während ihres Brüssel-Besuchs den Comics – die die Belgier übrigens „Die 9. Kunst" nennen – näherzubringen.

In kaum einem anderen Land sind Comics so beliebt wie in Belgien. In Brüssel kann man diese Kunstrichtung sogar studieren, etwa an der Fachhochschule Saint-Luc. Viele der jungen, zeitgenössischen Autoren haben diese Ausbildung absolviert, aber es gibt auch Autodidakten, die große Erfolge feiern: Allen voran Philippe Geluck, der durch seine

Comicfassade Asterix

Katzenfigur *Le Chat* bekannt wurde. Wer in Brüssel mit offenen Augen durch die Straßen geht und den Kopf dabei stets nach oben statt auf das Kopfsteinpflaster richtet, wird an unzähligen übergroßen Comicwänden vorbeikommen, die die Fassaden innerstädtischer Häuser zieren. Diese Wandbemalungen geschehen nicht zufällig, seit Mitte der 1990er-Jahre kümmert sich eine Initiative um die Comicwände. (Beim Tourismusbüro gibt es einen kleinen, faltbaren Plan für weniger als einen Euro, der zu den berühmtesten Wänden führt. Ansonsten ist die zentral gelegene Rue du Marché au Charbon ein guter Tipp, da hier gleich mehrere Comicfassaden zu finden sind.)

Man könnte meinen, dass das Brüsseler Comic-Museum die perfekte Adresse ist, um die (belgische) Comicwelt kennenzulernen. Auch ich habe zu Beginn meiner Brüsseltage dieses Museum angesteuert – weil es in meinen Reiseführern stand und weil ich mir davon Einblick in die mir weitgehend fremde Szene erhoffte. *Lucky Luke* – übrigens auch ein „Belgier“: Er wurde 1947 vom belgischen Autor Morris (geb. Maurice de Bevere) erfunden –, *Asterix und Obelix* und auch *Tintin* erkannte ich auf Anhieb. Aber die anderen? Von *Victor Sackville* (ein stets fein gekleideter Spion des englischen Königs

Comic Library

während des Ersten Weltkriegs) oder vom Amateurdetektiv *Rick Master* hatte ich noch nie gehört. Leider war ich nach dem ersten Besuch im Comic-Museum nicht viel schlauer: Zwar zeigt das Centre Belge de la Bande Dessinée wie Comics entstehen und stellt auch ein paar Figuren vor. Comics wirklich für mich greifbar machen, das konnte dieses Museum leider nicht. (Anmerkung: Manche Teile der Ausstellung richten sich auch eher an Erwachsene und sind weniger kinderfreundlich ausgerichtet.)

Seither halte ich mich mehr an die Praxis: Wer die Comichelden kennenlernen möchte, muss sie bei ihren Abenteuern erleben – und zwar indem man die Comicbände liest. Ich führte die Kinder meiner Cousine also trotzdem zum Gebäude, in dem sich das Comic-Museum befindet, allerdings steuerten wir zielstrebig die (von den meisten unbemerkte) Bibliothek im Erdgeschoß an. Mit über 40.000 Bänden ist sie die größte Comicsammlung weltweit. Der hintere, größere Bereich dient rein der Recherche und man muss über 16 Jahre alt sein, um hier zu forschen. Der vordere Raum, ein Lesesaal mit rund 3000 Bänden, ist aber für alle zugänglich. Es ist einer der wenigen Plätze, an denen man Comics in seiner eigenen

Sprache findet. In den meisten Comicgeschäften gibt es nur ein paar wenige englische Ausgaben. Deutsche, italienische, spanische und andere Übersetzungen sind sehr schwer zu finden.

Der kleine, mit Regalen ausgekleidete Raum zählt zu meinen Lieblingsorten in Brüssel: der perfekte Aufenthaltsort an einem verregneten Nachmittag. Für 50 Cent (oder mit der Museumseintrittskarte) kann man hier bleiben, bis das Museum zusperrt, und lesen, bis einem die Augen zufallen. (Niemand stört sich daran, wenn man kurz auf einem der Sitzsäcke einnickt.)

Hat man eine Lieblingsfigur gefunden – bei mir bleibt es trotz der Figurenvielfalt *Tintin* –, kann man sich im Museumsshop wieder unter die Touristen mischen und Mitbringsel erstehen. Zu erwähnen ist an dieser Stelle auch die Schönheit des Gebäudes an sich, die in der Hektik übersehen wird, vor allem wenn sich vor der Museumskasse Schlangen bilden. Es handelt sich hierbei um ein ehemaliges Kaufhaus, die Anciens Magasins Waucquez. Victor Horta hat das Haus für den Textilhändler Charles Waucquez geplant, 1906 eröffnete dieses lichtdurchflutete Gebäude mit seiner elegant geschwungenen Treppe und den beeindruckenden Eisenkonstruktionen. Meine älteren belgischen Bekannten erinnern sich noch daran, mit ihren Müttern hier in den 1950ern und 1960ern Stoffe gekauft zu haben. Seit den 1970ern existiert das Geschäft nicht mehr; wie so viele Jugendstil-Juwelen der Stadt wurde das Haus in der Folge über Jahre vernachlässigt. Erst Ende der 1980er-Jahre wurde es restauriert und zum Zuhause für das Comic-Museum (siehe auch Maison Cauchie, Seite 99).

Rechts neben dem Eingang liegt die Brasserie Horta, deren Interieur auch auf den Architekten Victor Horta zurückgeht. Gleich als „Touristenlokal“ sollte man dieses Restaurant nicht abtun, sondern lieber einmal einen Blick auf die Karte werfen. Denn diese versucht die – oftmals ausgefallenen und bunten – Geschmäcker der wilden Comichelden wiederzuspiegeln: So kann man beispielsweise ein Menü, das nach *Gaston Lagaffe* benannt ist, bestellen: Zur Vorspeise gibt es Rollmops mit Preiselbeermarmelade, gefolgt von Kalbsragout in weißer Schokoladensoße. Zur Nachspeise eine *Tarte Tatin aux witloofs* (kopfüber gebackene Chicorée-Tarte). Diese etwas außergewöhnliche Speisenzusammenstellung wurde anlässlich der Einweihung der großen *Gaston-Lagaffe*-Statue – die ich später besuchen werde – im Jahr 2004 kreiert.

Draußen in der Rue des Sables wenden sich die meisten Besucher der Kaufhausfassade zu und übersehen dabei, dass sich direkt gegenüber vom großen Comic-Museum noch ein kleineres befindet: Das Musée Marc Sleen gibt Einblick in Leben und Werk des Zeichners Marc Sleen, der als einer der Väter des flämischen Comics gilt. Sleen, der mit richtigem Namen Marcel Honoree Nestor Neels heißt, wurde 1922 in Gent geboren. Als Kind nahm er Unterricht an der Académie des Beaux-Arts in Saint-Nicolas, danach besuchte er das Institut Saint-Luc in Gent. Nach dem Zweiten Weltkrieg arbeitete er für die Tageszeitung *De Nieuwe Standaard* als politischer Karikaturist, später wurde die Zeitung in *De Nieuwe Gids* umbenannt und verlagerte die Redaktionsräume in die Rue des Sables (wo sich heute auch das Museum befindet). Marc Sleen entwarf eine Reihe an Comics für die Zeitung. Seine wohl berühmteste Figur ist die des *Nero*, der zum ersten Mal 1947 in einem anderen Detektivcomic erschien. Die verrückte Figur kam bei den Lesern so gut an, dass sie bald Held einer eigenen Reihe wurde. Marc Sleen produzierte mehr als 200 *Nero*-Geschichten. Anders als andere Comicautoren arbeitete er allein – und die Serie wurde sogar im Guinnessbuch der Rekorde als längster Comicstrip aus der Feder eines einzigen Autors gelistet. (In den späteren Ausgaben wurde Sleen durch Dirk Stallaert unterstützt.) Sleen wurde mit vielen Preisen ausgezeichnet und im Jahr 1999 sogar von

König Albert II. zum Ritter geschlagen. Im Alter von 80 Jahren – 2002 – beendete Sleen die *Nero*-Serie mit dem 217. Album.

Als ich an diesem Donnerstagvormittag wieder einmal das Museum aufsuche, bin ich die einzige Besucherin, kann mich in Ruhe umsehen und mit Dennis Marien plaudern. Er arbeitet für das Comic- und auch das Marc-Sleen-Museum, ist selbst Zeichner und führt sogar einen kleinen Independent-Verlag: Das Magazin *Vite* bietet vor allem jungen und unbekannten Zeichnern die Möglichkeit an, zu publizieren.

„Sie müssen unbedingt in die Galerie Bortier", empfiehlt mir Dennis, als ich ihm erzähle, dass ich gerade dabei bin, mich in Sachen Comics weiterzubilden. Ich kenne die kleine Passage in der Innenstadt, war aber eigentlich immer zu abgelenkt von den majestätischen Galeries Royales Saint-Hubert. Heute ist ein guter Tag, genauer hinzusehen.

Zunächst aber ist es Zeit, *Gaston Lagaffe* „Guten Tag" zu sagen. Seine riesige Statue steht gleich oberhalb des Musée Marc Sleen auf dem Boulevard Pachéco. *Gaston Lagaffe* ist – zumindest seinem Aussehen nach – eine meiner belgischen Lieblingsfiguren. Der schlaksige Kerl ist Bürogehilfe in einem Verlag. Durch missglückte Experimente, Ausrutscher

Gaston-Lagaffe-*Statue*

und Faulheit fällt er immer wieder auf. Sein Zeichner André Franquin ist in Brüssel bekannt, denn er gilt neben *Tintin*-Vater Hergé als wichtigster Comickünstler der Stadt. *Gaston* ist übrigens eine der Hauptfiguren des beliebten Comicmagazins *Spirou*. Diese Zeitschrift ist nach der gleichnamigen Comicfigur benannt, ein Page, der zwar von Robert Velter erfunden wurde, aber erst durch den Zeichner André Franquin berühmt wurde. 1938 gegründet, hat das Comicheft im Lauf der Jahre zwar stark an Bedeutung verloren, aber es erscheint noch immer. Alle anderen Magazine aus den 1950er- und 1960er-Jahren sind leider vom Markt verschwunden. Lange Zeit waren *Spirou* und *Tintin* die beliebtesten belgischen Magazine. Vorbild für Comicmagazine dieser Art war übrigens das *Micky-Maus*-Heft, das ab den 1930ern in Amerika erschien. Während die Figuren in *Tintin* eher brav sind – *Tintin* selbst ist der edle Pfadfindertyp –, sind die Helden in *Spirou* größere Schelme. Beide Zeitschriften haben stark dazu beigetragen, dass Belgien heute das Land der Comics ist – und viele Comiczeichner haben in diesen Redaktionen ihre Laufbahn begonnen.

Trocken bleiben, wenn es regnet: Brüssels versteckte Galerien und unterirdische Passagen

Von den Comic-Museen ist es nur ein kurzer Spaziergang zur Galerie Bortier. Diese überdachte Passage wurde in den Jahren 1847 und 1848 nach Plänen des belgischen Architekten Jean-Pierre Cluysenaar gebaut, der auch die Galeries Royales Saint-Hubert gestaltete. Ursprünglich war diese Passage als Teil eines weit größeren Gebäudes gedacht, zu dem auch der Madeleine-Markt zählte. Allerdings gibt es diesen Markt nicht mehr, die früheren Räumlichkeiten wurden 1958 zum Festsaal

Galerie Bortier

der Stadt Brüssel umfunktioniert. Heute bleibt daher nur eine enge Passage, die Galerie Bortier, die überwiegend im Stil der Neorenaissance gehalten ist. Buchliebhaber werden hier gerne verweilen, die Händler bieten meterweise gebrauchte (auch englische) Bücher an. Neben Romanen und Bildbänden gibt es auch alte Comics, Kochbücher und vergriffene Ausgaben von Zeitschriften. An der Adresse Galerie Bortier 16 liegt La Crypte Tonique – unter Sammlern ein bekanntes Geschäft der Stadt. Der Besitzer Philippe Capart ist nicht nur ein großer Comickenner, er hat auch eine umfassende Sammlung an Vintage- und Erstausgaben.

Wer sich noch nicht kundig genug fühlt, um nach Comics zu stöbern, kann gleich gegenüber der Galerie Bortier einen „Crashkurs“ absolvieren. Das Museum Of Original Figurines (MOOF) liegt in der etwas versteckten Galerie Horta. Der Eingang geht von der Rue du Marché aux Herbes ab, also gleich zwischen dem *Best Western* und dem *Novotel Hotel.* Übrigens: Wer *Schlumpf*-Fans in der Familie hat, kann noch einen Abstecher in die *Schlumpf*-Boutique auf der rechten Seite machen. Vorsicht, hier ist alles blau! Auf dem Platz vor dem Shop sitzt ein fünf Meter großer *Schlumpf* auf einem Pilz. Er stammt von der Künstlerin Maryline Garbe aus Charleroi, südlich von Brüssel.

Ich persönlich finde, dass die Betreiber des MOOF einen ungünstigen Namen für ihr Museum gewählt haben: Lange stellte ich mir darunter ein schnödes, langweiliges Figurenkabinett vor. Nach meinem ersten Besuch aber wurde mir bewusst, dass dieses Museum eigentlich die erste Anlaufstelle sein sollte für all jene, die sich mit belgischen Comics auseinandersetzen möchten. Die Aufbereitung ist moderner und interaktiver als im Comic-Museum, man erfährt auch viel über diese Kunstform heute. Etwa über den Raymond-Leblanc-Preis: Dieser Preis richtet sich an junge Comiczeichner und zählt zu den beliebtesten in ganz Europa mit einem Preisgeld von 20.000 Euro. Raymond Leblanc war der Herausgeber des *Tintin*-Magazins, das in seinem Verlag *Le Lombard* erschien (siehe Seite 67). Neben *Lombard* zählen die Verlage *Casterman* (in Tournai) und *Dupuis* (nahe Charleroi) zu den wichtigsten Comicverlagen des Landes.

Galerie Horta

Rolltreppe in der Galerie Horta

Beeindruckend ist zudem die Lage des MOOF. Die Galerie Horta ist Teil eines unterirdischen Pfads, den die Brüsseler schätzen, wenn sie ihren Schirm zu Hause vergessen haben. (Das ist allerdings eher selten der Fall, denn man gewöhnt sich an, den Knirps immer in der Tasche zu haben.) An Regentagen kann man, ohne nass zu werden, durch diese versteckten Gänge von der Galerie Horta in der Unterstadt bis hinauf zur Rue Royale in der Oberstadt gelangen. Die Galerie Horta wurde – wie der Name bereits andeutet – von Victor Horta gestaltet. Noch heute gibt es eine wunderschöne Holzrolltreppe, die man meist für sich alleine hat. Leider wird die Galerie trotz einer aufwendigen Renovierung durch ein Schweizer Architekturbüro nicht wirklich genützt: Der Großteil der Passage ist leer und wird nur für bestimmte Events angemietet. Über die Rolltreppe gelangt man hinauf zum Bahnhof Gare Centrale. Von hier aus führt die „geheime", überdachte Passage hinauf zur Galerie Ravenstein, eine Konstruktion aus den 1950er-Jahren von Alexis und Philippe Dumont. Das Einkaufszentrum hat an Glanz verloren, es gibt hier bloß ein paar verlassene Geschäfte. Beeindruckend ist dafür die Glaskuppel, die einem das Gefühl vermittelt, sich in einem großen Museum zu befinden. Der unterirdische Gang führt Kenner dann noch durch den Palais des Beaux-Arts (BOZAR, Seite 37) hinauf zum Parc de Bruxelles.

Ich gehe heute nur von der Galerie Horta hinauf zum Bahnhof. Pendler schwirren herum, suchen Züge nach Leuven, Aalst und Gent. Touristen kommen aus Bruges und Ostende an. Die wenigsten haben Zeit, den Bahnhof auf sich wirken zu lassen. Seine Entstehung geht auf das frühe 20. Jahrhundert zurück. Bereits 1911 begann man mit dem Bau einer Bahnstrecke, die den Nord- und Südbahnhof verbinden sollte. Aber erst nach dem Zweiten Weltkrieg nahm man die Arbeiten am neuen Bahnhof wirklich auf. Auch hier war Horta verantwortlich, allerdings verstarb er 1947, bevor der Bahnhof fertiggestellt werden konnte. Der belgische Architekt Maxime Brunfaut setzte Hortas Arbeit fort. 1952 wurde der Bahnhof Gare de Bruxelles-Central durch König Baudouin I. eröffnet.

Tintin-Vater Hergé hat in Louvain-la-Neuve ein Denkmal

Heute steige ich selbst in einen Zug – nach Ottignies. Das ist zwar nicht mein Endziel, aber dort werde ich in einen Regionalzug umsteigen, um in die Universitätsstadt Louvain-la-Neuve zu fahren. Dieser Ort, dessen Name so viel wie „Neu-Löwen" bedeutet, darf nicht mit der Studentenstadt Leuven verwechselt werden. Louvain-la-Neuve liegt 30 Kilometer südlich von Brüssel, Leuven 30 Kilometer östlich. Erstere Stadt befindet sich in der Region Wallonien, letztere in Flandern. Die Tatsache, dass es „Neu-Leuven" gibt, liegt im jahrzehntelangen Streit begründet, der zwischen den beiden Regionen herrscht(e). 1968 verwiesen die Flamen die wallonischen Kollegen von der Katholischen Uni in Leuven. Der frankofone Teil der Uni wurde ausgegliedert – und eigens dafür eine künstliche Studentenstadt mit Platz für 35.000 Einwohner geschaffen: Die französischsprachigen Professoren und Studenten kamen fortan in Louvain-la-Neuve unter. Die neue Stadt zeichnet sich vor allem durch eine große Fußgänger- und Einkaufspassage aus, der Stadtkern ist quasi autofrei.

Zwar mag diese neu geschaffene Stadt interessant klingen, dennoch lohnt es sich nicht wirklich, bloß für einen Shoppingbummel hierherzukommen. Ich verbinde meinen Besuch mit einer anderen Attraktion: dem Musée Hergé. Dieses Museum ist dem *Tintin*-Vater Georges Remi gewidmet, der unter dem Künstlernamen Hergé bekannt wurde. (Er drehte seine Initialen um und in Lautschrift ergaben sie das Wort Hergé.) Der Comicautor selbst träumte bereits zu Lebzeiten von einem eigenen Museum, einige Jahre nach seinem Tod versuchte die Stiftung Hergé dieses Vorhaben umzusetzen. Das Museum ist nicht etwa hier, weil Hergé aus der Region kam. Er selbst wurde 1907 im Brüsseler Stadtteil Etterbeek geboren und starb 1983 in der *Commune* Woluwe-Saint-Lambert.

In Brüssel konnte man sich allerdings nicht auf einen Standort einigen, Louvain-la-Neuve zeigte sich dem Projekt offener gegenüber. Hergés Witwe Fanny Rodwell investierte 17 Millionen Euro in das riesige Museum, dessen Errichtung mehrere Jahre dauerte. Seit 2009 steht der große, weiße, lichtdurchflutete Bau in der Rue du Labrador 26. In neuen Städten wie Louvain-la-Neuve ist es möglich, eigens eine Straße nach dem Comichelden zu benennen. *Tintin*-Fans kennen diese Adresse ganz genau, denn sie ist *Tintin*s Wohnadresse; eine fiktive Adresse, die Hergé erfand. Man munkelt, dass die Rue Terre-Neuve im Brüsseler Stadtzentrum Vorbild war. Hier wohnte Hergés Großmutter an Nummer 26, er besuchte sie häufig.

Mit dem Zug erreicht man vom Brüsseler Bahnhof Gare Centrale leicht das Museum: Die Fahrt dauert gerade einmal 50 Minuten und kostet nur ein paar Euro. Spätestens als ich in Ottignies in den Anschlusszug nach Louvain-la-Neuve umsteige, wird klar, dass ich in eine Studentenstadt fahre. Kaum jemand in meinem Waggon ist älter als 21 Jahre. Vom Bahnhof erreicht man – über den Hauptplatz, der samstags sogar einen hübschen Markt hat – binnen weniger Minuten das Museum. Dieses Gebäude ist an sich schon ein architektonisches Kunstwerk, es wurde vom französischen Architekten Christian de Portzamparc entworfen.

Kaum habe ich das Museum betreten, fühle ich mich wie in einem begehbaren Comic: Insgesamt gibt es acht Säle mit Originalzeichnungen, Fotos und Filmen. Hergés (und *Tintin*s) Werdegang wird dargestellt: von Hergés Anfängen beim Pfadfindermagazin, *Tintin*s erstem Auftreten in *Le Petit Vingtième,* einer Jugendbeilage der Tageszeitung *Le Vingtième Siècle* im Jahr 1929, bis zu der erfolgreichen Übersetzung der insgesamt 24 Bände in 50 Sprachen. Jede Figur aus den Comicheften wird mit ihren positiven wie negativen Eigenschaften im Detail vorgestellt, außerdem sind Requisiten ausgestellt, die Vorbilder für Hergés Zeichnungen waren. Selbst Hergés Studio ist nachgebaut.

Ein Andenken vom Musée Hergé mitzunehmen, fühlt sich gleich viel einzigartiger an, als *Tintin*-Figuren und -T-Shirts in der *Tintin*-Boutique gleich neben dem Brüsseler Grand Place zu kaufen.

Orte zum Einkehren

Brasserie Horta
Rue des Sables 20
Tel.: +32 2 217 72 71
Täglich 10–18 Uhr,
Mo: geschlossen
www.brasseriehorta.be

Orte zum Vertiefen

Lesesaal im Comic-Museum Brüssel
Rue des Sables 20
Tel.: +32 2 219 19 80
Täglich 10–18 Uhr
www.cbbd.be

La Crypte Tonique
Galerie Bortier 16
Tel.: +32 2 514 14 92
Di–Sa: 12–18 Uhr
www.lacryptetonique.com

Museum of Original Figurines (MOOF)
Galerie Hortas
Rue du Marchéaux Herbes 116
Tel.: +32 2 207 79 92
Do–So: 10–18 Uhr,
feiertags geschlossen
www.moofmuseum.be

Musée Hergé
Rue du Labrador 26,
1348 Louvain-la-Neuve
Tel.: +32 10 488 421
Di– Fr: 10.30–17.30 Uhr,
Sa, So: 10–18 Uhr
www.museeherge.com

60
EUROPE

© Emily Walton

Abseits der Pfade

Die Reihe ABSEITS DER PFADE führt uns hinter die Kulissen der Sehnsuchtsziele Europas: Wer meint, Städte wie Triest, Venedig, Wien und Prag schon zu kennen, wird auf wunderbare Weise eines Besseren belehrt.

EMILY WALTON
Straßburg
ABSEITS DER PFADE
braumüller

WOLFGANG SALOMON
Wien
ABSEITS DER PFADE
BAND I
braumüller

GEORG RENÖCKL
BAND II
Wien
ABSEITS DER PFADE
braumüller

MIRKO MORITZ KRAETSCH
Berlin
ABSEITS DER PFADE
braumüller

CORDULA NATUSCH
Hamburg
ABSEITS DER PFADE
braumüller

FRANZ KLUG
München
ABSEITS DER PFADE
braumüller

MIRKO MORITZ KRAETSCH
Prag
ABSEITS DER PFADE
braumüller

BERND SCHUCHTER
Innsbruck
ABSEITS DER PFADE
braumüller

GEORG RENÖCKL
Paris
ABSEITS DER PFADE
BAND I
braumüller